宋庆龄文献资料与研究
系列丛书

爱泼斯坦与宋庆龄传记

EPSTEIN AND SOONG CHING LING'S BIOGRAPHY

中国福利会 编

黄浣碧 口述 沈海平 撰文

中国出版集团 東方出版中心

"宋庆龄文献资料与研究"系列丛书

谨以此书纪念

杰出的国际主义战士，著名记者、作家

伊斯雷尔·爱泼斯坦诞辰100周年！

伊斯雷尔·爱泼斯坦（1915－2005）

总 序

中华人民共和国缔造者之一、国家名誉主席宋庆龄（1893-1981）是举世闻名的爱国主义、民主主义、国际主义、共产主义伟大战士，被誉为“国之瑰宝”和“二十世纪伟大的女性”。1981 年宋庆龄逝世后，在有关部门推动下，宋庆龄文献的整理、编辑出版工作逐步展开，先后出版了《宋庆龄选集》(上、下卷)、《宋庆龄书信集》、《宋庆龄来往书信选集》和《宋庆龄书信集》（续编）等资料性著作，推动了宋庆龄学术研究工作的开展。随着学术研究的愈益深入，海内外对宋庆龄研究的关注度越来越高，参与学术研究工作的学者也越来越多。大家普遍感觉现有的宋庆龄文献资料已不敷使用，亟需有关部门开展有计划、全方位、系统的宋庆龄文献资料搜集、整理和编辑出版工作，以满足广大学者开展宋庆龄学术研究工作的需要。为此，上海宋庆龄研究会、上海市孙中山宋庆龄文物管理委员会、中国福利会和上海宋庆龄基金会决定联合开展此项工作，编纂出版“宋庆龄文献资料与研究”系列丛书，为有志于从事宋庆龄学术研究的广大学者提供服务，以期宋庆龄学术研究在新的世纪取得更大突破和成绩。

“宋庆龄文献资料与研究”系列丛书计划编辑出版六个系列，即宋庆龄的“档案文献”、“往来函电”、“回忆口述”、“报刊史料”、“海外译著”以及“最新研究”，将开展宋庆龄学术研究所必需的但过去从未在国内公开出版，或虽已零星出版但从未完整、系统公开出版的有关宋庆龄的各类文献资料，以及海外出版的相关文献资料或文献类著作，分门别类予以编选出版和译介，同时也收录具有重要学术价值的系列研究成果。

编辑出版“宋庆龄文献资料与研究”系列丛书是一项长期而艰巨的工作任务，蕴含着非常大的工作量和工作难度，需要社会各界予以充分支持和协作。为此，我们特地将系列丛书设计成开放的形式，任何组织和个人都可以将符合这个系列丛书要求的作品或项目计划，交与我们评审，如果获得通过，我们将给予包括出版经费在内的各种资助。

2011 年是宋庆龄逝世30 周年，我们特地从是年起推出这套丛书，以对这位一生“威武不屈，富贵不淫”，“把毕生精力献给中国人民民主和社会主义事业，献给世界和平和人类进步事业”的伟大女性表示我们崇高的敬意和怀念。

“宋庆龄文献资料与研究”系列丛书

编审委员会

目 录
Contents

CHINA RECONSTRUCTS
1

FAR EAST
SPOTLIGHT
Founding the
PEOPLE'S REPUBLIC
of CHINA

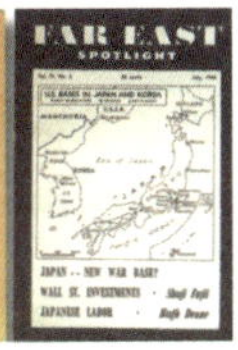
FAR EAST
SPOTLIGHT

WOMAN
IN
WORLD HISTORY
Soong Ching Ling
(Mme. Sun Yatsen)
Israel Epstein
NEW WORLD PRESS

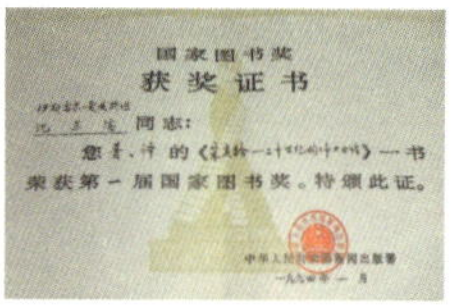
国家图书奖
获奖证书

见证中国

前 言

爱泼斯坦（Israel Epstein，1915–2005）是1938年宋庆龄在香港创立保卫中国同盟（中国福利会前身，简称“保盟”）时就追随其工作的“保盟”最年轻的中央委员，那年他才23岁。直到宋庆龄去世后他依然在中国福利会工作，并担任了中国福利会副主席。

海内外不少知名作家曾多次要求为宋庆龄写传，均被她一一拒绝。而她在临终前不久却给爱泼斯坦写了三封信，请其为她写传。爱泼斯坦著《宋庆龄——二十世纪的伟大女性》出版后被译成多种文字出版，成为研究宋庆龄的权威书籍，并获得了中国第一届国家图书奖。然而爱泼斯坦如何用了十年时间精心写就宋庆龄传记的情况却鲜为人知，也从未有著作专门述及。

本书以爱泼斯坦夫人黄浣碧口述的形式记叙她协助爱泼斯坦为宋庆龄写传的十年经历。其中包括为什么宋庆龄会请爱泼斯坦写传，爱泼斯坦与宋庆龄的友谊，爱泼斯坦的经历与为人，以及黄浣碧与孙中山、宋庆龄的缘分，她亲历宋庆龄关心《中国建设》杂志的故事，她是如何从负责文秘、外事与专家等工作的办公室干部成为爱泼斯坦夫人，并协助爱泼斯坦为完成宋庆龄的嘱托，耗时整整十年写传的故事。书中配发了大量珍贵照片。

本书既是作为纪念宋庆龄诞辰120周年的出版物，也为口述历史存史的一部分；同时也是为了纪念即将到来的爱泼斯坦诞辰100周年。

编　者

2014年5月

艾培手捧自己精心撰著的《宋庆龄——二十世纪的伟大女性》(中文版)

1992年底，《宋庆龄——二十世纪的伟大女性》终于出版了。手捧样书，作为传记的作者，爱泼斯坦长舒了一口气，十年心愿一朝完成，他的心情难以用任何语言来表达。作为作者的妻子，我同样激动。1985年我与艾培（爱泼斯坦的昵称，下同——编者注）结婚后，我们俩共同的心愿与大事就是完成宋庆龄传记的写作。历经艰辛，我协助他一路走来，终于完成了为我们最敬爱的人撰写传记的任务，心里顿感十分的轻松和愉悦。

艾培对自己撰写的这部传记，在总体上是满意的。他认为基本上明确表达了他所希望传递的内容与信息，至少做到了比较真实和全面。通过文字，立体地反映出他心目中一位伟大、杰出而又具有传奇色彩的女性形象。为今后人们再写宋庆龄，构筑了一个较为坚实的框架和底座。

传记的出版，标志着艾培终于完成了宋庆龄生前的嘱托，兑现了自己的庄严承诺。而我，作为作者的妻子，我的心情除了高兴，还有一份自豪，因为我与艾培共同参与了这项工作。我见证了艾培撰写传记的艰苦过程，与他一同经历并分享了其中的酸甜苦辣。我们一起以自己的心血与努力，表达了对孙夫人，也是我们机构的创始人——宋庆龄主席的无比崇敬和由衷敬爱，实现了我们发自内心的愿望——让全世界的人们都了解这位传奇而伟大的女性，了解她为中国、为世界作出的努力与贡献，让她的精神流芳百世，永远得到弘扬。

我由衷地感到，我能参与这项意义非凡的工作，既是荣幸，也是缘分。

一、缘分

我相信缘分。虽然缘分这东西有时很难说清，但我总感到冥冥之中似乎存在。以我为例，我祖籍广东香山县，荣幸地与国父孙中山先生是同乡人。家乡因纪念孙中山先生而改名中山县，现在已为中山市。我自小生长于中山，做梦都未曾想到有一天会来到我们祖国的首都；也未曾想到会进入孙夫人创办的机构里工作，并且一直干到退休；更不曾想到会亲眼见到孙夫人，与她握手、谈话并与她合影。当然，也绝不会想到在丧夫多年即将步入晚年时，会与孙夫人的挚友、我曾经的领导、一个外国血统的人结为夫妇，并且一起为心中崇敬的伟人孙夫人写传。

回想自己从家乡一路走到今天的全过程，我不能不承认缘分这东西——是缘分把我与艾培、孙中山、宋庆龄连在了一起。而这份缘分，皆源自孙夫人创办的《中国建设》这份杂志。

1. 缘起《中国建设》

《中国建设》杂志是宋庆龄于 1951 年年底亲自创办的，当时的目的是为了冲破西方世界对新中国的封锁，努力将新中国的真实信息及时传播到全世界。发行对象主要是美国、英国等敌视社会主义的西方国家。所以，这本杂志的面貌是非官方的，全部为英文。封面上醒目地标明，主办人为宋庆龄。最初，杂志仅有一个文版，随着时代的发展，杂志从一个文版拓展到七个文种，八个文版。

据我了解，这份杂志的创办是经过宋庆龄慎重考虑的。

1949 年 10 月，新中国成立后，特别是 1950 年 4 月底在北京召开了中国人民救济代表会议，中国人民救济总会宣告成立，宋庆龄在会上当选为中国人民救济总会执行委员会主席。自此，全国的救济工作统归中国人民救济总会。由宋庆龄自 1938 年成立的救援机构保卫中国同盟抗

1950 年代宋庆龄在阅读《中国建设》杂志

解放初期宋庆龄派总干事谭宁邦（左一）等专程赴京向周恩来汇报工作

战后更名为中国福利基金会，曾一直以募集资金与物资，开展救援工作为主。如今，在新的形势下，机构又一次面临改组、调整工作范围与制定新的发展计划。

宋庆龄在思考未来工作目标与重点时，希望加强自己擅长的对外宣传工作，在《保卫中国同盟通讯》（以下简称《保盟通讯》）成功向世界发布中国真实消息的工作经验基础上，着手成立国际宣传机构，以突破西方敌对势力的新闻封锁，通过非官方的渠道，将新中国的信息传播到全世界。为此，宋庆龄做了较充分的准备，并接连给时任政务院总理的周恩来写了多封信与正式报告，还委派专人前往北京汇报，急切地盼望得到他的意见。

1950 年 10 月，政务院总理周恩来建议宋庆龄可以先办个对外的刊物。周总理认为，中华人民共和国已经成立，应当向全世界更多地介绍新中国的情况，建议宋庆龄以她与各国人民建立友谊的长期经历和丰富经验创办一本对外宣传的刊物。

宋庆龄完全同意。经过与周总理的反复商量，最终决定先办一份英文刊物，主要针对美英等西方敌视新中国的国家。

因为是一份针对西方世界的刊物，所有参加办刊的人员一定要具备对外新闻宣传的经验，熟悉西方媒体，了解

从“保盟”时期加入机构工作的陈翰笙与顾淑型夫妇

艾培与耿丽淑两位老友在上海

西方读者。于是 1951 年 1 月，宋庆龄在北京方巾巷寓所会见了刚从美国回国的陈翰笙、顾淑型夫妇，商谈办刊事宜。并且委托陈翰笙到上海与金仲华一起，依靠刚完成改组与更名的中国福利会的力量筹办刊物。同时，宋庆龄邀请正在美国的爱泼斯坦与他的妻子邱茉莉以及正遭受基督教女青年会不公待遇的耿丽淑尽快返回中国参加办刊。

宋庆龄认为记者出身的艾培是最佳办刊人选，他有丰富的新闻工作经验与编辑《保盟通讯》的经历。曾任基督教女青年会干事的耿丽淑有着与西方广泛交往的人脉资源和推广经验，因此，让耿丽淑负责杂志的推广发行工作。

1951年春天，艾培与邱茉莉辗转波兰回到中国，经天津，乘火车抵达北京。宋庆龄当时不在北京，于是写了一封欢迎信，任命艾培为杂志的执行编辑，邱茉莉为助理编辑，并派陈翰笙代她去火车站迎接。

宋庆龄决定为杂志取名为China Reconstructs，中文的原意是中国的重建。之前，陈翰笙曾提议刊名为China In Reconstruction，意为建设中的中国，但是宋庆龄坚持用China Reconstructs。用这个名字是有深刻意义的，因为孙中山先生曾经办过一个名为《建设》的刊物。“中国建设”这个名字不仅表明杂志的主旨是报道新中国的建设，而且还借以纪念孙中山先生。

20世纪50年代后期，随着中国社会主义建设的不断发展，宋庆龄以及杂志社的同志们越来越感觉杂志的名称似乎不太合适了，特别是译成中文后，常常被误认为是一份建筑类的杂志，大家都希望为杂志选择一个更为合适的名称。1953年时，宋庆龄就对艾培说，“我们已完成重建并踏上了更高水平的征途”。之后又多次给艾培写信，让他考虑一下，给杂志起个更好的名字。但当时一下子找不出更为合适的名称，于是此事就搁置下来了。直到宋庆龄逝世多年之后，中国在改革开放政策下迅猛发展。杂志在海外发行的面与量也越来越大。此时已退居二线担任名誉总编的艾培主张，根据宋庆龄的生前遗愿，将杂志更名为《今日中国》。1990年1月17日，《中国建设》易名《今日中国》。虽然改了名称，但它依然体现了宋庆龄对外宣传的一贯精神，也实现了宋庆龄生前的愿望。

1951年8月30日，宋庆龄在上海常熟路157号中国福利会会议室主持《中国建设》筹备会议。艾培带着刚编辑出来的第一期杂志样稿也出席了会议。这次会议确定了刊物的编辑方针、读者对象及报道内容，决定“这本双月刊的读者对象是资本主义和殖民地国家的进步人士和自由职业者以及同情或可能同情中国的人。它特别针对那些真诚要求和平，但政治上并不先进的自由职业者和科学艺术

1950年代初期艾培（右）与陈翰笙游颐和园

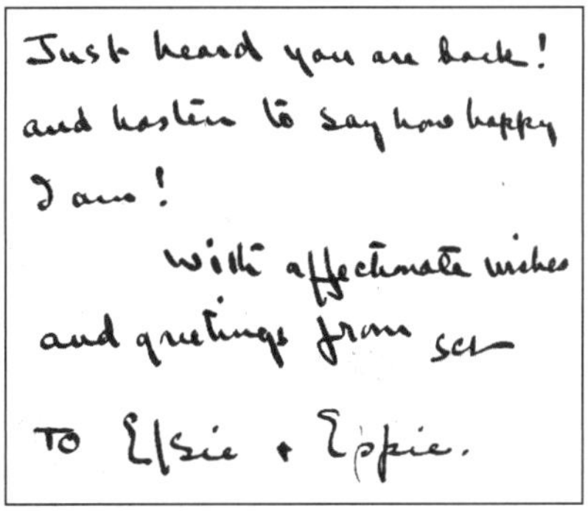

宋庆龄捎给艾培与邱茉莉的欢迎卡片

《中国建设》杂志社首任社长、编委会主任金仲华

工作者”。刊物将重点报道中国社会、经济、文教、救济和福利方面的发展，以使国外最广泛的阶层了解中国建设的进展以及人民为此所进行的努力。

在那次会议上，宋庆龄提出要成立一个由社会知名人士组成的编委会，名单全部由宋庆龄亲自指定。宋庆龄强调，出版英文版的《中国建设》，要继承和发扬它的前身《保盟通讯》向全世界各地传播中国真实情况的优良传统。

1952年《中国建设》第一期正式出版，为英文双月刊。实际上，创刊号提前于1951年12月便正式印刷出版了。这也是考虑到对外发行与邮寄的规律。一般杂志从印刷到在国外面世之间需要一段时间过程。《中国建设》第一期印刷一万册，向国内外发行。当年香港时期的保卫中国同盟（中国福利会的前身，简称“保盟”）第一届中央委员及主编《保盟通讯》的元老又成了《中国建设》的领导与核心。金仲华任编委会主任、社长；陈翰笙任编委会副主任，主管编辑部；爱泼斯坦任执行编辑。鲁平作为金仲华的助理，是行政方面的实际负责人，协调各方事务，主管

《中国建设》杂志社早期工作人员。前排左三李伯悌，后排右一艾培、右三邱茉莉、左三陈翰笙

日常工作。

杂志创刊号的彩色封面为土地改革中翻身农民的喜悦形象；封底为木刻，内容为重建的钢铁基地鞍钢。发刊词宣告：“正如《中国建设》的刊名表明，它将集中报道我国的重建和新的建设以及我国人民的生活的变化……它将用权威的文章、生动的特写、典型的图片、插图和表格来记录中国人民的生活，并将报道他们是如何克服困难和解决问题的。”

创刊号上发表了宋庆龄的文章《福利工作与世界和平》，以及其他知名人士的文章，如陈翰笙的《中国工业的新发展》、李德全的《人民的保健事业》、赵朴初的《城市的善后救济工作》、傅作义的《制止洪水为害》等。

《中国建设》创刊号封面

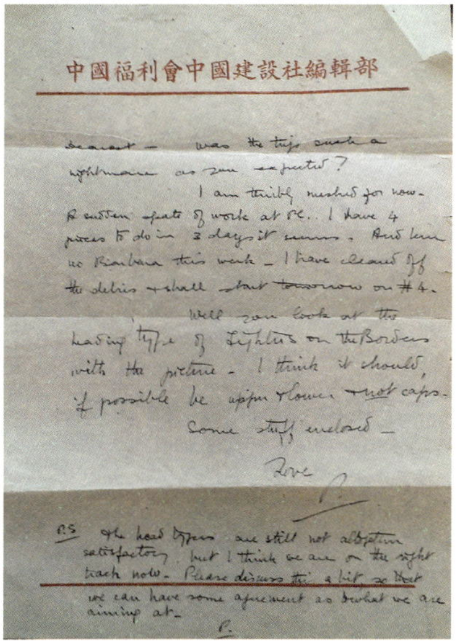

中國福利會中國建設社編輯部

dearest — was the trip such a nightmare as you expected?

I am terribly rushed for now. A sudden spate of work at SC. I have 4 pieces to do in 3 days it seems. And have no Barbara this week — I have cleared off the debris + shall start tomorrow on #4.

Will you look at the heading type of Fighters on the Borders with the picture. I think it should, if possible be upper + lower + not caps.

Some stuff enclosed —

Love

I.

P.S. The head types are still not altogether satisfactory but I think we are on the right track now. Please discuss this a bit so that we can have some agreement as to what we are aiming at —

I.

艾培在《中国建设》编辑部专用信笺上拟写的信函

宋庆龄坚持杂志社的办公地点必须在首都。她认为杂志的信息必须要及时、准确，那就一定要靠近党中央与政府的所在地。但是，我们的杂志是英文的，而早期的北京没有外文印刷厂，所有外文印刷必须在上海进行。因此，早期的《中国建设》杂志社，分为北京与上海两摊。业务部在上海，地址是常熟路157号中国福利会本部，负责印刷出版及发行业务。编辑部设在北京大草厂16号，负责采访及编译业务。爱泼斯坦与邱茉莉在编辑部工作，每次杂志付印前，他们都得在北京和上海之间来回跑多次，非常辛苦。

具体参加杂志筹建和创刊工作的人员，还有顾锦心和从美国回来的新华社天津分社记者李伯悌。顾锦心是1946年受地下党委托来到宋庆龄身边帮助工作的，她也是深受宋庆龄信任的老朋友。新中国成立后，她受宋庆龄的委派，从上海来到北京，作为中国福利会的代表，出任中国人民救济总会副秘书长，同时兼任《中国建设》杂志社的办公室主任。因此，她与艾培与邱茉莉十分熟悉，友谊很深厚。后来艾培为宋庆龄写传时，顾锦心提供了很多资料，特别是宋庆龄1946年以后到上海开展工作的情况，弥补了艾培缺乏那一段史料的不足。

陈翰笙与邱茉莉在研究杂志工作

《中国建设》杂志社最早在北京挂靠在中国人民救济总会下面，办公地点（北京大草厂 16 号）在中国人民救济总会几位负责人的家属宿舍大院内。

宋庆龄作为杂志的创办人，对杂志给予了特别的关心，从选定杂志社领导和骨干，刊名、编辑方针、内容、文版以及封面设计、插图与版式的确定等，她都事无巨细，亲自过问。每期杂志出版后，她还以“林泰”的名字，亲自将杂志寄给国外的亲朋好友，这个习惯一直延续到她去世。可以说，创办《中国建设》杂志是宋庆龄在新中国成立后的一项很重要的工作和贡献。通过这个对外宣传渠道，她让全世界了解了新中国人民的生活面貌与精神风貌，她在其中发挥的巨大作用是无可替代的，也是极其出色的。孙夫人擅长的人民外交魅力与才华，在她创办的这份杂志上得以充分展示。

2. 从国父家乡走进国母机构

说起来，我与中国福利会、与宋庆龄的确是有缘分的，而这个缘分就源于《中国建设》杂志，鲁平则是将我与《中国建设》联结起来的牵线人。

我祖籍广东中山县（原名香山县，1925 年后更名），家乡人都以出了个伟人孙中山自豪。我从小就敬重与崇拜孙中山。记得我上学时，天天对着孙中山遗像背诵总理遗训。没想到后来我到了首都，进入了国母宋庆龄创办的机构工作，还能见到孙夫人。这种缘分真也说不清。

我的家乡中山县是个侨乡，家乡人祖辈习惯外出谋生。我从未谋面的祖父就是早年漂洋过海远赴美国的中国劳工。解放前夕，我父母也离开家乡经香港去了美国。我就读学校的班主任是个共产党员，她鼓励并帮助我参加革命，加入共青团。多读些书，一直是我心中的迫切愿望。1949 年我 15 岁，当时第四野战军两广纵队干训班在我们家乡招生。我听说是培训班，认为是个读书的机会，在班主任的影响下，我立即报名参了军。我认为，参军就能有机会走出家乡，去继续学习和深造。

参军后，我进了第四野战军两广纵队干训班，学习了几个月后就参加土改与征粮工作。后来我被分配到珠江军分区司令部政治部做文印员。那个年代尚无打字机，文印工作都是纯手工操作。先在钢板上刻写蜡纸，然后再用自己制作的刮板在蜡纸上涂油后一张一张刮印。经过这段工作，我对这个流程已经非常熟练。20 世纪 50 年代中期我国才从日本进口了打字机，但是字库中有很多日文，使用时必须要在印刷厂铸一些中文铅字替换进去。

1953 年我转业到了公安系统，从事文秘工作。我当时分在水上公安局，后转回中山县公安局在派出所里负责内勤工作。那时候公安派出所里人手很少，即便是内勤，有时也要出外勤，背着枪巡逻，去协助工作。记得有几次正巧外勤都出去了，来了报警，遇到上吊的、淹死的，我

青年时期的黄浣碧

也都要硬着头皮去处理，不过从此倒也被逼着练出了胆子。后来“文革”时期，社会上较乱，我们杂志社有一个人事干部，从东北来的，她胆子小，老让我陪着她值班，为她壮胆。因为她知道我的胆子大，什么也不怕。

我从部队转到公安系统工作后，认识了我原来的丈夫。他任职于安全部，常年工作与生活在北京。1957年我们结婚后一直分居两地。丈夫了解我的心思，知道我一直渴望能够再多读些书，就劝我干脆辞职到北京来上学，既解决两地分居的困难，也满足我求学的愿望。正好我当时也怀孕了，于是就下决心辞职来到了北京。

我的丈夫与鲁平相识，他们都因曾患肺结核病，在北京温泉疗养院疗养，当时同住一个房间，两人是病友，以后他们经常有联系。鲁平那时候根据宋庆龄主席的要求，刚从上海到北京筹备创办《中国建设》杂志社（简称“中建社”）工作，正需要招聘可靠的工作人员。

我到北京后，先在街道里搞社会治保工作，生了孩子后在家休息。一天，鲁平到我家里来看望，了解到我的情况后，就商量让我到《中国建设》杂志社工作。于是，我就到了由孙夫人宋庆龄创办的机构——中建社工作。

可以说，我与孙夫人的缘分是由鲁平牵起的。

黄浣碧（左一）与鲁平（右一）在艾培90寿辰祝寿会上

3. 孙夫人主办的刊物

1960年，我正式到中建社上班，我是在杂志创办将近十年的时候进社工作的。我没有经历这份杂志创建初期的艰苦，但是经常听老同志们讲起。据说，最初杂志社连办公地点都没有。第一期创刊号的内容架构等，还是在公园的长凳上讨论商定的。

从一进入杂志社，我就深切地体会到孙夫人对这份杂志的关心以及她对杂志所倾注的心血。

宋庆龄主席虽不常来杂志社，但是她的关心却无时无刻不在。这一点，我们杂志社全体工作人员都能体会到。譬如宋庆龄始终关心杂志的编辑方针，对编辑方针有明确的要求，她要求多写人民群众的劳动、生活和建设业绩，因为人民是真正的英雄。她还强调实事求是。根据宋庆龄的要求，编辑部作出具体规定：每期必须有一篇观点新颖的文章，一篇扎实的文章，还要有一篇生动的文章。既要有大文章，也要有小文章。我们杂志一直保持着自己的风格，我们称其为“孙夫人的风格”，因为杂志的封面上注明“主办人：宋庆龄”。这条原则一直坚持下来，甚至在“文革”动乱期间，杂志仍坚持自己采写或约稿。毛主席也曾

《中国建设》杂志封面特写

肯定说，《中国建设》还有自己的东西。

宋庆龄亲自为杂志撰写重要文章，她的文章内容题材广泛，包括介绍新中国的建设成就，开展儿童妇女社会福利工作，保卫和平与增进各国人民的合作与友谊，纪念孙中山、周恩来以及国际友人等等。从杂志诞生的那天起，宋庆龄共为杂志撰写了30多篇文章。以下是我统计的宋庆龄为《中国建设》撰写的稿件的目录：

福利工作与世界和平（1952年创刊号）
保护儿童（1952年）
中国人民与和平（1952年）
为了和平而去维也纳（1952年）
斯大林为和平、进步和人民的自由而奋斗（1953年）
人民的友谊与和平（1954年）
能够赢得和平的一个证据（1954年）
新中国的第一个五年（1955年）
争取和平的新力量（1955年）
五年前后（本刊创刊五周年）（1957年）
团结就是力量（关于中国共产党的整风运动）（1957年）
福利工作与社会主义（1958年）
光辉的时代 光辉的人民（1959年）
开辟世界的新纪元（1959年）
中国的解放—中苏友谊—人类向未来的跃进（1959年）
各国人民能够而且一定会彻底击败帝国主义（1960年）
一场翻天覆地的革命（技术革命）（1960年）
社会主义阵营的团结是人类的希望（1961年）
真实报道的传统（本刊创刊十周年）（1962年）
培养共产主义接班人（中国福利会成立25周年）（1963年）
人民团结起来是不可战胜的（1964年）
解放十六年（1966年）
孙中山——坚定不移、百折不挠的革命家（1966年）

一个新时代的开端（1972 年）
纪念埃德加·斯诺（1972 年）
纪念美国朋友格雷斯·格兰尼奇（1972 年）
何香凝——一位坚定的革命者（1973 年）
儒教与现代中国（1975 年）
伟大的新运动（1976 年）
怀念周恩来总理（1977 年）
为人民服务四十年（1978 年）
新长征中的中国妇女（1979 年）
致《中国建设》读者（1979 年）
怀念金仲华——《中国建设》的创始人之一（1981 年）

杂志早先是直接用英文写稿、定稿，省时省力。从 1960 年起，陆续增加了新的版本：西班牙文版（1960 年

各种版本《中国建设》杂志封面特写

1月创刊)、法文版(1963年4月创刊)、阿拉伯文版(1964年3月创刊)、俄文版(1966年1月创刊,1978年12月停刊),德文版(1978年1月创刊),葡萄牙文版(1980年1月创刊,1993年12月停刊),中文版(1980年10月创刊),英文北美版(1983年1月创刊)。版本多了,就以中文稿为母版,各语种从中文版翻译过去,如此一来,不仅增加了工作量,经过层层翻译,文章的意思与文采也大打折扣。我们对中、英文版本比较有把握,而对小语种,领导在把关时就力不从心了。比如阿拉伯语,当时大家曾开玩笑地说,阿拉伯语怎么样,只有“阿拉”知道。但是,发行量大大增加了,杂志所发挥的作用也大大增加了。

宋庆龄对杂志的方方面面都很关注,她仔细阅读每期杂志,对发现的每一处错误,例如标点与拼错的单词等,哪怕是一个极小的失误,她都不放过,都会给予指正,并及时把她的意见与想法告诉我们。她曾对杂志的拖期和纸张问题给予严厉的批评,要求我们限期改正。

1962年1月,为纪念杂志创办十周年,她撰写专文《真实报道的传统》,阐述了杂志的发展历史和现状,强调指出,出版英文版的《中国建设》,就是继承发扬它的前身《保盟通讯》向全世界各地传播中国真实情况的优良传统。

在“文革”期间,宋庆龄自己身处逆境,但她对杂志的关心依旧不断。特别是在1973年后,她经常与艾培通过书信讨论杂志的工作,研究稿件,分析杂志出现的问题,探讨如何解决的途径,当然也为杂志上的精彩稿件和外界反馈的赞扬与好评而高兴,甚至引以为荣。她对这份杂志真是倾注了心血。宋庆龄自己认为,在中国福利会系统内,她与中建社的联系较为紧密,即使在“文革”动乱中,她与杂志的联系也从未中断过。从艾培珍藏的宋庆龄的来信内容看,也充分证明了这一点。

每逢中国福利会的周年纪念日,宋庆龄都会邀请杂志社的领导到她家里共同庆祝,或在她家举办小型酒会。1978年是中国福利会创办40周年的纪念日,宋庆龄因故

宋庆龄北京寓所

1978 年 6 月 14 日，宋庆龄在北京寓所与艾培、李伯悌（左二）、罗叔章（右）共庆中国福利会成立 40 周年

未能回上海出席隆重的纪念大会，也未能出席并主持新一届的中国福利会执行委员会会议，于是她邀请艾培、邱茉莉以及《中国建设》的部分领导到她家里聚会。

宋庆龄于 1981 年 3 月 12 日致信《中国建设》杂志社全体同志：

《中国建设》杂志社全体同志：

在 80 年代第二个春天的春风送暖时，承你们不忘孙中山逝世纪念，及时给我写慰问信。对此，致以深切的感谢！

二十几年来，你们在中国共产党的领导下，辛勤工作，把《中国建设》办成对外宣传的杂志。在它创刊 30 周年到来时，应当庆祝并为此做好筹备。在此，预祝你们的愿望圆满地实现。

《中国建设》中文版，比较吸引人。希望此版的订户日增，成为海外同胞、港澳同胞喜欢阅读的刊物，并成为我们宣传的一份力量。

《中国建设》其他语文版发行量的增加和你

China Reconstructs 中國建設

IN MEMORY OF SOONG CHING LING

Distributed with September 1981 Regular Issue

CONTENTS

纪念宋庆龄特刊英文版封面及目录

们所作的努力有关。祝你们百尺竿头，更进一步。

病了两月余，尚未痊愈。恕我勉强执笔，不能多写。

此复 即致

敬礼

宋庆龄

1981年3月12日

这是她给中建社的最后一封信，两个月后，她就永远地离开了我们。

当宋庆龄主席病重的消息传到杂志社时，大家担心极了，社里派了两位同志在宋庆龄寓所日夜值班。最后在宋庆龄主席逝世后，全社同志又自发地设灵堂，做白花，扎花圈，还赶制了一期纪念特刊。当时社里派我去宋庆龄寓所送花。那时候的北京，不像现在，花店几乎没有，鲜花很难买到，所以我特意赶到了友谊商店去挑选了鲜花，记得当时我选的是黄菊花。

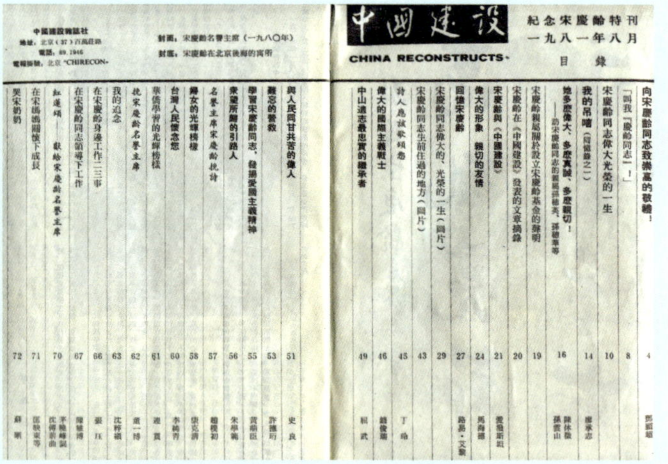

中國建設 紀念宋慶齡特刊 一九八一年八月

CHINA RECONSTRUCTS

目錄

中國建設雜誌社
地址：北京（37）百萬莊路
電話：89.1946
電報掛號：北京"CHIRECON"

封面：宋慶齡名譽主席（一九八〇年）
封底：宋慶齡在北京後海的寓所

纪念宋庆龄特刊中文版封面及目录

4. 群英荟萃

我从1960年来到中建社，直到退休，共在中建社工作了近30年。我始终以能在孙夫人的杂志社里工作而自豪，因为在这里我学到了不少知识，开阔了视野，见了不少世面，特别是让我遇到了一批了不起的人。

在宋庆龄的领导下，杂志社设有一个编委会，主管着杂志的大政方针。编委会成员都是由宋庆龄亲自提名的，皆为大名鼎鼎的专家和学者。主任：金仲华，副主任：陈翰笙。其他编委会委员是：钱端升（政治学家）、李德全（中华人民共和国卫生部长）、刘鸿生（实业家）、吴贻芳（南京金陵女子大学校长）、吴耀宗（中国基督教界领袖人物）。这个编委会里面的人，他们虽然都是不拿报酬而尽义务的，但是个个都为杂志写文章。写得多的有陈翰笙、金仲华等。

杂志社里的领导也都不简单，如早期的杂志领导人、也是创办人之一的陈翰笙，我们尊称他翰老，他是个资深的共产党员，同时也是个大学问家。本来周总理将他从美国请回新中国，是想让他协助自己出任外交部长。谁曾想，

由漫画家创作的《中国建设》创刊五周年专刊封面。右上角乘飞机者为宋庆龄

1955 年 2 月顾淑型（宋庆龄右手边）陪同宋庆龄访问南亚诸国

陈翰老不愿做官，只想做学问，于是总理就请他协助宋庆龄创办《中国建设》杂志。翰老与夫人顾淑型都是中国福利会创办初期保卫中国同盟时的老同志、宋庆龄的老朋友，于是夫妻俩一起来到社里义务工作。顾淑型作为我们杂志摄影美编方面的顾问，不仅自己摄影并推荐精美照片，还带教社里的年轻同志，辅导他们早日胜任工作。

顾淑型在摄影

在陈翰笙之后来到社里主管业务的领导是唐明照，他早年在美国工作多年，与艾培非常熟悉。他也是我党的资深党员，同时又熟悉外交与新闻，时任中联部某局局长，后任联合国副秘书长。唐明照与陈翰笙两位领导，风格不同，各有特点，但他们的编制都不在社里，是兼职的领导。

李伯悌是创办杂志初期从美国请回来的骨干成员，她是老记者出身，老党员。她的编制在社里。她也很有特点，知识分子味很浓，所有的行政事务她一概不关心，也不理会，只关心稿子。李伯悌还有一个特点，就是“亲戚遍天下”——这是社里同志对她的戏称。她是大户人家出身，好像走到哪都有她的亲戚，都能找到熟人。有了李伯悌这张“名片”，杂志社的同志到全国各地采访，都可一路通行。这一点，大家都知道，也很感谢她。

鲁平是在上海解放前就参加宋庆龄领导的中国福利基

金会工作的干部，精明干练，他从筹备杂志社时开始主持社里的一切行政事务与党的工作，从办公室主任一直干到副总编，是杂志社实际上的负责人。他在“文革”后离开杂志社，后来到了国务院港澳事务办公室，担任主任，参与了香港回归的谈判以及香港基本法的制定，见证了香港回归。艾培也参与了香港基本法英文版的修改与润色，我也一起去了，这些都是后话。

林德彬也与鲁平一样，是中国福利基金会时期的干部，他与夫人陈休征都是为了加强《中国建设》杂志的工作而从上海调到北京的很得力的骨干。陈休征的中英文能力深得宋庆龄欣赏，我们都知道宋庆龄内心很希望让陈休征担任自己的秘书，但是为了杂志的工作大局，宋庆龄还是忍痛割爱。她说，我身边的文字工作量比杂志社少多了，休征还是留在杂志社发挥的作用更大。后来，当她得知林德彬夫妇调离了杂志社，还专门写信给艾培，了解其中的原因。而艾培撰写的宋庆龄传记英文版，也是由陈休征担任总编辑的新世界出版社出版发行的。

1988 年 4 月艾培（中）与鲁平（左二）等参加香港基本法工作人员合影

1965年艾培（左三）、邱茉莉（右三）与陈休征（左二）在采访

当年社里一批年轻的同志也都是能人，比如张水澄，北大西文系毕业后分配到中建社，中英文和摄影都拿得起，在社里干了一辈子。他本是文字记者，但是社里根据工作需要，让他同时担当起摄影的任务，要求他尽快掌握摄影技术。在顾淑型的介绍帮助下，他参加了一个摄影培训班。培训班边教授理论，边指导摄影实践，练习拍摄各种照片。当时杂志社条件艰苦，没有照相器材，张水澄向同事范之龙借了一架苏联产的玩具照相机，完成了摄影技术培训班的学习与实习任务。结业时，培训班老师选中了张水澄的作品，将其作为摄影佳作向全班展示，并让他告诉大家他所选用相机的牌子。结果张水澄的回答令全体惊愕！老师也万万没料到他的摄影佳作使用的竟然是玩具相机。后来，他还一直使用这个相机完成杂志社的摄影任务，直到用坏后，单位才买了一台新相机。艾培很喜欢的一张自己的肖像照片就出自张水澄之手。张水澄说，艾培最传神的是他的那双手，正是这双手，写作了多少好文章！所以要表现爱泼斯坦，必须把他的一双手一同表现出来。

设计出版组的组长糜文焕是个宁波人，他解放前曾在

2000年春节，老朋友在艾培家聚会。前排右起：林德彬、中村京子、戴爱莲、左芷苹、黄浣碧；中排右起：艾培、陈休征；后排右起：李湄、张爱荣

上海印钞厂工作。他修改底片的技术很过硬，水平很高，我曾跟着他学习为照片修版，从他那里学了不少技术。记得我们两人在一起工作多年，但是语言不通，他的宁波话我老听不懂，我的广东腔的普通话他也听不惯。我们经常是面对面地用笔把话写在纸上沟通。

最传神的艾培肖像（张水澄摄）

编辑部的大谭和小谭两位，都具有很高超的英文水平，都是记者兼编辑。杂志早期都是用英文定稿，所以，社里只有编辑翻译组，不设单独的翻译岗位，记者全用英文写稿和编辑，因此必须中文与英文都很棒才能胜任。后来，杂志的版本增加了，才逐步改为中文定稿。建社初期，如不具备很高的中英文水平，一般人来不了，即便来了，也干不了。

我们杂志社里的员工，华侨多，女同志多，外籍人士多。后来我才知道，新中国成立后，中央与政府各大单位都需要人才，一般从正规渠道调配的人才，都被国家部委抢先挑走了。我们这样的杂志社，往往只能从有些复杂背景或过去称为大户人家、剥削阶级出身的学生中选拔了，按当时流行的说法是，这些学生“只专不红”。

2003 年 4 月 21 日，张水澄登门祝贺艾培米寿

中建社工作人员除了外语都很好以外，大多都有些背景，如唐明照的夫人、冀朝铸的妹妹等，高级编译刘懿芳的公公曾是旧中国海关的关长。

“文革”前，外文局有一个外训班，专门培养从事外文工作的年轻同志。邱茉莉也曾去讲课，她还参加了外语学院编辑英文字典和到新华社与阜新煤矿去讲课等工作。

总之，《中国建设》杂志社，聚集了一大批了不起的人，个个精明能干，本领高强，不愧是宋庆龄创办的，没有哪个单位能比得过。

见证《中国建设》创刊的三位老战友刘尊棋、艾培、张彦（右起）1991 年重聚

5.《中国建设》——我的学校

继续读书，多学些知识，一直是我的梦想。当年离开学校去参军，除了满怀一腔革命热情，也是为了进干部培训班多学习知识。结婚后我下决心辞职来到北京，也是为了能圆继续读书的梦。没想到进了孙夫人的杂志社，知识分子云集，一下子见到这么多大知识分子，成天与一群富有学问的人打交道，我打心眼里高兴。我认为，孙夫人办的杂志社，就是我的大学校。而且在这里我的确学到了不少东西。

20 世纪 60 年代初，中建社挂靠在对外文委，“文革”中，中建社归到外文局管理。刚到社里工作时，我在办公室打杂，什么工作都干。那时候的办公室，分工不细，任务很杂，涉及的方面很多，很琐碎，我什么杂事都做，比如打字、文秘、档案、接待，除了翻译与编辑工作外，几乎样样都做过。起初，我做得最多的是打字工作。以前编辑们直接用英文写稿、定稿，不需要打字。后来杂志语种增加，改成中文定稿后，才需要打字。记得我最早打的稿件，是西门露莎的稿子。她的文笔很棒，但是字写得龙飞凤舞，别人都认不出来，只有我看得懂。打字虽然是极其普通又累人的工作，可我却从中学到了不少东西，获得了不少乐趣。比如辨认不同人的笔迹，比如接触大量内容与文采皆精彩的好文章，都让我在打字时有机会慢慢欣赏与细细体会，既是很好的语言与写作的学习，也是一种文学享受。艾培那特有的潦草又超难辨认的英文词组与字母，也只有我能够识别。后来我与艾培一起为宋庆龄写传收集资料时，整理艾培的札记与草稿，辨认方方面面、不同人物的笔迹、来信和稿件，全都亏我早年在杂志社打字工作中练就的基本功。

我还时常代表中建社外出开会、当替工。比如代表杂志社去居庸关山上种树。由于办公室分工不细，样样都要做，所以除了打字、校对、收发文件、整理档案与保管，将编辑写的稿子打印后分发到各语种文版去之外，我还兼做外事和联系、接待专家及出纳工作，此外还帮助整理人事档案。由此，我必须学习各种知识与技能，以应对各种工作和完成任务。与此同时，我接触与认识的人也多。

在到总编办公室工作之前，我还曾搞过出版工作，学修照片、制版，也跑印刷厂。那时，印刷的纸都是从上海运来的，都是用很好的铜版纸，切下的边角我们舍不得浪费，都要利用，专门用于印制贺年卡。后来，边角料多了，我们就把它集中起来卖掉。

印刷杂志的正文用的是轻型纸，封面用克数重的纸。图片、封面、彩页由新华印刷厂印刷，正文由外文印刷厂印刷，装订也是在外文印刷厂，所以我得在两个印刷厂之间来回跑。

我到社里工作时的社领导已经是唐明照了，记得他很健谈，经常给我们讲他出访的见闻，很有趣，也很新鲜，他的讲述使我增加了很多知识。唐明照不是每天来社里，而是有事就来，但是开编委会时他总会来。每次编委会都是在社里四楼那间向北的较大一点的房间里开。那时主持编委会会议的，有时是唐明照，有时是金仲华。每次开会，那些大学问家和大知识分子们都会准时出席。他们没有架子，很亲切，也很平易近人。

中建社的办公室较简陋，办公大楼是苏联人盖的，据说他们当时看错了图纸，所以造得很不合理，特别不适合北京的气候。大楼的左、中、右楼梯以及厕所都在南面，而办公室都朝北，一到冬天，冻得要命，工作条件是比较艰苦的。记得社里有位西班牙文专家曾很直率地讲出了真实想法，他说，如果这种情况发生在我们国家，那里早就罢工了。但是，编委会仍然还是在条件简陋的社里召开，编委们也并没有嫌弃这里。

在杂志社这个大学校里我增长了不少见识，学会了很多技能。特别是经过办公室烦杂工作的磨练，使我增强了适应各种场面及应付多种事务的本领，为日后协助艾培奠定了基础。

6. 杂志社的外国人

中建社是我国较早拥有外籍人员的单位。艾培与邱茉莉 1951 年创办时期就来了。早期时，中国福利会的两位美籍顾问谭宁邦与耿丽淑也曾帮助过工作。此外，我们社里还有不少外籍雇员，他们主要担任改稿（不管内容，主要针对语言与文法）以及编辑工作。

新中国成立初期，找外国专家不是很容易，那时聘请外国工作人员很强调政治因素，强调政治观点，强调要与中共党之间有联系的。因为政治观点不同，很难做好杂志工作。在早年，社里聘请的外国专家一般都是通过中央对外联络部或是中国驻外使馆介绍，条件是要有文字工作经验。先由社领导看过其写的东西，心中有底后才谈录用的事。来的专家大多数是所在国的共产党员。慢慢地，中国的声望、地位提高了，愿意来华工作的人也就多了起来。“文革”后，葡萄牙语、阿拉伯语的专家来社里工作的逐渐增加。随着中国的改革开放，对政治方面的要求随之放宽了，逐步转变为只强调与中国友好即可，不要求政治观点相同。凡与我国友好的、有能力的，原来做过文字工作的人，都可以考虑聘用。合同一般签一到两年，合作满意的再续签。

社里来来去去的外国专家挺多的，从创办时期开始，前后在社里工作过的外国专家共有 90 多位。办公室里有人专门联系外国专家，我一直参与这项工作，所以与专家们很熟悉。

我开始时一个人管外事和外国专家，最多时有 10 多个外国专家同时在社里工作：英文部 4 至 5 人，西文部 2 人，阿文部 2 人，俄文部 1 人，法文部 2 人，德文部 2 人，葡文部 2 人。

为了帮助外国专家了解中国，熟悉稿件反映的内容与信息，胜任杂志工作，杂志社经常组织他们外出参观，并让他们与我们的记者一同去采访。那时候在中国的外国人少，所以很稀奇，外国专家们一出去，不管走到哪，总有一帮老百姓围着看热闹。

南·格林是较早期来社里工作的英国专家，她曾是西班牙国际纵队的老战士，是通过中联部介绍来的。她1954年来工作，1960年回国。她在我社组织的参加十三陵水库修建劳动中被评为标兵。费兰德，美国人，1963年来社里工作，直到1989年去世，他在中建社工作了较长时间。他们夫妇去世多年后，他们的子女近几年又回到北京工作。

外国专家这个名词是后来才有的，开始时都称为外国工作人员，后来成立了外国专家局，才有了外国专家的称呼。一般来说，早期来华，并工作多年的才有资格称外国老专家。经批准被定为老专家的，其待遇比一般的专家略高些。对这批外国老专家，我们的党和政府都给予很好的关心与照顾，一年组织几次疗休养，安排参加各种活动。每逢春节、国庆等重大节庆日，国家最高领导人都会专门看望与慰问，并邀请出席招待会、座谈会。老专家去世后，他们的未亡人，也一直享有同样的待遇。

外国专家挺有意思，性格各异，有的人随和，有的人傲慢。总之，我觉得美国人比德国人随和、爽快。如美国专家克艾文，丈夫是中国人，她1950年代就来了，在

1962年1月，宋庆龄、陈毅会见克艾文（右二）、艾培（右一）、邱茉莉（右三）

1950 年代艾培（左）、克艾文（中）、刘懿芳在颐和园聚会活动中

中国工作时间很长，开始时是作为外国工作人员，直到 1988 年前后她退休时，外专局才向她补发了老专家待遇，按政策规定，也给她买了套房子。

克艾文的性格挺倔，她经常与编辑发生争吵，不为别的，主要是为了稿件。她对稿件很坚持自己的观点，总认为自己是正确的，于是就据理力争。当然，她一旦认识到自己错了，也会马上道歉。克艾文吵归吵，对社里的同志还是很信任。她回国探亲离开中国时，总把存折及贵重物品都交我保管。

那时的专家，人员变动不多，年纪偏大。最年轻的一位叫苏裕的工作人员，二三十岁，在中国学习中文后留下。他中文很好，会古文，也很倔，娶了个英国华侨。他父亲苏曼，是《中国日报》的专家。

记得有一位叫杜丽的加拿大女专家对洋灰地过敏，我们专门为她用厚厚的绿油漆把办公室的地板都刷了一遍，硬是把原来的洋灰地面全部覆盖掉。

大多数外籍工作人员都很友好，也很敬业。但是有一个德国人很傲慢，曾在我们杂志社工作过。

在长期与外籍工作人员打交道的过程中，特别是在各种文化的交融中，我开阔了视野，丰富了阅历，也学到很多东西，尤其是学会了与不同国度、不同文化、不同性格与爱好的专家打交道、和睦相处，还交上了很多外国朋友，有些还成为了非常亲密的好朋友。

7. 宋庆龄与秋迪

宋庆龄对在中建社工作的外籍专家都很关心，比如她对南·格林等，在南·格林离开杂志社回国时，宋庆龄本想招待她并为她送行，后因故抽不出空来，还专门写信表示了歉意。

聘用秋迪的事是我经手的，过程很有趣，我至今记忆犹新，从中也可以看出宋庆龄对为中国革命作出贡献、在困难时期帮助过中国人民的老朋友的情谊。

记得我当时在总编办公室做外事兼专家工作，外专局说要推荐给我们一位德语专家，让我去看材料，我去看了材料，感到完全不符合我们用人的要求，因为这位叫秋迪的专家没有从事文字工作的经历。从履历表反映的情况看，她曾经学过护士专业，而我们聘用的专家必须有从事文字工作的经历，并且还要由社领导确认其写作能力，秋迪显然过不了必要的文字关。于是，我在一开始时就否定录用她。我婉转地对外专局说，我们社庙太小。

过了一段时间，外专局又通知我，坚持要安排秋迪到我们社里来工作。我只得直言相告，说这个人的条件不符合我们社里的要求，主要是她没有做文字工作的经历，我们不能用。这时，外专局告诉我，这个专家必须收下，并且说，这是孙夫人的意见，而且一定要妥善安排好秋迪在中建社的工作。当时，我并不知道其中的原因，只是想，夫人执意作出的决定一定有她的道理。以后，我才逐步了解到，秋迪夫妇都曾为中国革命作出了很大贡献甚至是牺牲。

秋迪为中国人民和革命的奋斗与付出，至今很少有人知道。秋迪是德共党员，全名秋迪·卢森堡，她曾经在上海隐蔽战线默默地工作，而且作出了巨大的贡献。

秋迪 1933 年与波兰籍德国新闻记者、德国共产党员汉斯·希伯结婚后，就随同丈夫一起来到中国上海，目睹满目疮痍、饱受战乱的中国，她决定尽自己的一切努力来帮助中国人民。在其丈夫的联系下，她很快同中共地下党取得联系。

1937 年中国抗战全面爆发后，在潘汉年的直接领导下，她在八路军驻沪办事处担任收发报的工作。她的工作热情非常高，吃苦耐劳，有一段时间痔疮发作，连坐在凳子上都有困难，但她照样坚持工作。1937 年 11 月，上海沦为“孤岛”后，八路军驻沪办事处撤销，潘汉年等撤离上海之前，委托她保管一个藤箱，箱内存有八路军驻沪办事处的捐款收据和一些马列书籍，还有一颗木制的“潘汉年印”。

1939 年 9 月潘汉年回到上海，在上海重建情报站，秋迪将自己保管的物品如数奉还。潘汉年 1941 年在上海租界里秘密设立了第二处通讯电台，这处电台就是由秋迪负责掩护的。当时，秋迪在一个犹太人开的私人诊所里当护士。

然而，当秋迪默默地为中国人民工作时，她的丈夫汉斯・希伯在山东为报道八路军在敌后的抗日情况而随军采访时，于 1941 年 11 月 30 日晨在大青山与敌人遭遇，他和八路军指战员一起同敌人展开殊死决战，最终壮烈牺牲，时年 44 岁。在上海等待丈夫归来的秋迪，直到抗日战争胜利后，才从有关部门得知希伯已牺牲的噩耗。“二战”胜利后，秋迪回到德国。

在宋庆龄的直接关照下，我们把秋迪安排到了德文部，让她做一些通联工作，并在生活上多给予关心和照顾。晚年的秋迪，在中建社里得到很好的照顾，享受着离休待遇。她对宋庆龄充满感情。在宋庆龄逝世后，秋迪担任了宋庆龄基金会的理事，对有关宣传宋庆龄的工作，她都积极支持并热心参与。

秋迪也是很有个性的人，她虽然年事已高，但是绝对不允许别人叫她“老太太”，因为她不服老。一叫她“老太太”，她就不高兴。她的晚年是幸福的，她一直住在友谊宾馆，友谊宾馆的同志都对她很好，特别是在生活起居方面，都很照顾她。

1989年10月15日，艾培与黄浣碧等在山东临沂希伯墓前

1981年，秋迪曾回到山东临沂扫墓，她用德文为丈夫题了词："无数先烈在中国人民的解放斗争中献出了他们的生命，希伯同志是个共产党员，他尽了自己的义务，我们将永远铭记所有的先烈。"她的题词连同译文一并镌刻在希伯的墓碑上。

1997年，秋迪逝世。根据她的遗愿，她的骨灰被送到了汉斯·希伯安葬的沂蒙山革命根据地，与汉斯·希伯合葬在一起。

8. 关心老朋友

宋庆龄是个对人很细致周到、体贴入微的人，她的心里总是记挂着老朋友，对帮助过中国革命的人，对做过有益工作的人，哪怕是最小事情的任何人，她都永远不会忘记。

假如得到了一些好东西，她总要与朋友分享，特别是在物质匮乏的年代，她更是想方设法关心照顾大家，尤其牵挂在华的外国朋友，她希望尽自己之力，帮大家做些许改善，让这些为了帮助中国人民的革命，自愿放弃优越的物质生活与享受，坚持在条件艰苦的环境下忘我工作的外国朋友们感受到家的温馨。

比如路易·艾黎，"文革"中，造反派诬陷他是特务，宋庆龄毅然替他担保，为他写了一份证明，证明他是对中国革命作出贡献的外国友人。在艾黎晚年，每年的12月，宋庆龄都邀请朋友们到自己的家里聚会，热热闹闹地为艾黎过生日。

宋庆龄在给艾培和邱茉莉的信中，经常提及一些过去在困难时期为中国革命提供过帮助、给予真诚支持的老朋

1980年12月宋庆龄在寓所为路易·艾黎庆贺生日

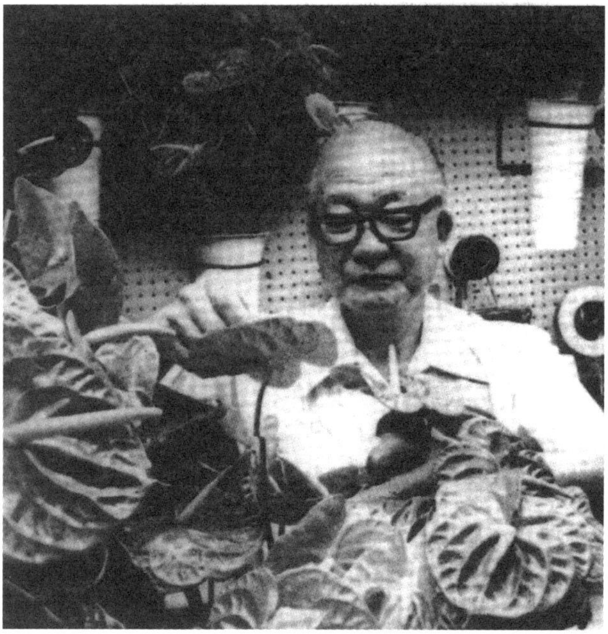

有吉幸治在夏威夷开花店谋生

友，如为保卫中国同盟义务担任审计的陈乙明，为帮助“保盟”向延安运送救援物资而最终将飞机舱门改装的史迪威将军和他的助手杨孟东，还有有吉幸治和比尔·鲍威尔等等。

宋庆龄经常与艾培和邱茉莉互赠小礼品并且邀请他们到她家小聚。

当宋庆龄得知老朋友患病的消息后，总是心急如焚，这也是她与艾培通信的重要话题。比如对格兰尼奇的突遇车祸，对斯诺的患病与去世，还有对马海德的患病与艾黎的健康的挂念。

早年在得知小鲍威尔夫妇与有吉幸治在美国遭受迫害的消息时，她立即全力以赴设法援救。

最令人感动的是，20世纪50年代初，宋庆龄为了将有吉幸治从美国的监狱中救出，毅然将自己最珍爱的当年母亲作为认可她与孙中山婚姻而补送的嫁衣寄往美国赠给有吉，希望他变卖后获得一笔款项用以支付聘请律师的费用。而有吉收到这无比珍贵的礼物后，根本舍不得变卖，

宋庆龄逝世后，有吉幸治后人将宋庆龄当年赠送的嫁衣送回北京宋庆龄故居

宋庆龄亲自制作的安多利恒花绣品一直悬挂在其北京寓所的卧室里

宋庆龄手绘的安多利恒花

悉心珍藏。他出狱后开了个鲜花店为生。1971 年中美关系解冻后，他将嫁衣送还宋庆龄，可宋庆龄坚决不收。以后有吉幸治每年将自己种植的“安多利恒”（中国俗称“红掌”）鲜花通过空运寄给宋庆龄两大箱。

而对柯弗兰（Frank Coe）的关心，更是宋庆龄正义感和责任感的充分体现。

柯弗兰是一位资深的美国专家，经济问题学者，他曾在美国财政部货币研究室工作，是美国共产党员，来华后担任《毛泽东选集》翻译专家，与艾培也是老朋友。

宋庆龄与柯弗兰的两个女儿是忘年交。宋庆龄喜欢孩子，喜欢看天真烂漫的孩子欢快玩耍的情景。晚年她被疾病拖累，不能下楼，便邀请友人的孩子到家中做客、玩耍，与她共进晚餐并一同观看电影。柯弗兰的女儿凯蒂和玲玲

1964 年 1 月毛泽东接见艾培（左一）、斯特朗（左三）、柯弗兰（右二）、艾德勒（右一）等

1964 年毛泽东接见参加《毛泽东选集》英文版工作的专家唐明照（左一）、艾培（左三）、艾德勒（左四）、柯弗兰（右二）等

凯蒂、永洁、永清、米蜜（左起）在宋庆龄寓所院子

就是宋庆龄寓所的常客。

一次偶然的机会，宋庆龄从柯弗兰的女儿凯蒂那儿听说柯弗兰患病需要医疗帮助，便十分关心，多次过问，希望能为他做些什么。她认为，柯弗兰为中国忠实工作了多年，是一位很讲原则、知识极其渊博、思想深邃的同志，理应得到很好的照顾。她听到柯弗兰在治疗时遇到一些不愉快时，非常着急与担心，并积极了解情况，以便提供支持与帮助。当听说柯弗兰去世的消息后，宋庆龄心情很沉痛，认为这是一个非常大的损失，她觉得柯弗兰的才华尚未充分发挥。她出席了柯弗兰的追悼会，并希望将悼念他的一篇讲话发表在《中国建设》杂志上。后来，艾培也专门撰写了一篇文章，悼念这位中国人民的老朋友。

9. 我与孙夫人的两张合影

我珍藏着两张照片，是我十分引以为豪的照片，那是我与孙夫人的合影。一张是集体照，另一张是我单独与孙夫人在一起的，两张照片都是50年前我们《中国建设》杂志创刊十周年时留下的。

我到杂志社工作两年后，就赶上了杂志社建社十周年的大庆活动。1962年1月6日，《中国建设》杂志社举行创刊十周年纪念活动。这一天是我终生难忘的日子，因为我不但见到了孙夫人、周总理，还与他俩照了相。我至今完好地珍藏着当年的合影。

建社十周年的社庆纪念活动隆重而简洁，我们没有到外面去借场地庆祝，而是就在社里举行。十周年大庆的活动主要是办了一个小型招待会和一个图片展览。

记得纪念活动刚开始计划时，我们发出通知，邀请方方面面，然后一一电话落实。起初，被邀请方几乎都说没空或有其他安排等等。后来我们透露说，宋庆龄主席和周恩来总理都将出席，于是各方面都不再说没有空了。大家在活动当天，全都赶了过来。

1962年1月宋庆龄、周恩来、陈毅、邓颖超出席《中国建设》创刊十周年招待会

金仲华（前）、唐明照（左）等在大门口迎接宋庆龄、廖承志等领导

黄浣碧请宋庆龄签名

我们中建社的办公场所很简陋，房间都不大。出版组地方相对大些，又是朝南，我们对锅炉房要求供暖必须达到室温不低于18度。于是我们就腾出了较大的出版组，作为接待宋庆龄主席的贵宾室。摆上沙发、茶几，在北京饭店订了简单的点心。

那天，部长们早早地都来了，在由三间紧挨着的编辑办公室临时改成的休息室等着。金仲华、唐明照、鲁平则在楼下大门口迎候。宋庆龄、周恩来、陈毅到后，先在金仲华、唐明照的陪同下参观杂志社的成就展览，然后一起进入出版发行组改成的临时贵宾室。我很荣幸地被安排担任签到工作。当我手捧签到本走到宋庆龄主席身边，宋庆龄提笔签名时，记者抓拍了一张珍贵的照片，我也被摄入镜头。虽然这不是刻意安排的合影，但这是一张我十分珍视的照片，是我生平第一张也是唯一一张单独与宋庆龄的合影。

我与宋庆龄主席等领导的第二张合影，是领导们要离开时的集体合影。记得宋庆龄主席将要离开时，敬爱的周总理主动招呼我们大家说，来来来，大家都过来，来与宋主席照张相。总理这一说，道出了我们的心声，我们多么希望与宋庆龄主席一起照相啊，但这只是我们心里暗暗的期盼，根本不敢奢望，更不敢说出口。总理一开口，大家高兴极了，于是招呼还在走廊里忙碌的其他工作人员，大家兴奋地呼啦一下都围了过来。我们围聚在一起，或蹲、或站，与宋庆龄、周恩来、陈毅等领导照了相。在这张珍贵的照片上，没有那些部长们，因为此时他们并不知道我们这里发生的一切，都还在休息室等着呢。镜头的中间和前排这些显眼的位置，全是我们这些随意围聚在一起的杂志社普通工作人员，而大领导们都在旁边或后排。我的位置很好找，在孙夫人前面那个蹲着的人就是我。每每看到这张照片，都会让我激动万分，也不由地让我怀念起周总理的体贴入微和善解人意。周总理对普通工作人员的爱护，实在让人感动。特别是我，终于见到了我从小就敬仰的宋庆龄与周总理，而且是这么近距离的接触！亲眼所见，我更感到他们如同我心目中的形象一样，名副其实，的确可亲可敬，平易近人。

出席《中国建设》创刊十周年招待会的宋庆龄与杂志社的女同志亲切握手

1962年1月6日，宋庆龄、周恩来、陈毅、邓颖超等领导人与中建社工作人员合影

二、爱泼斯坦与宋庆龄

初到杂志社，我最先接触到的外国人就是执行编辑爱泼斯坦。全社上下都知道他与妻子邱茉莉是孙夫人从美国请回来的，是孙夫人办杂志十分倚重的人，也是与她有几十年友谊的老朋友。我们全社上下都非常尊敬他们，特别是态度和蔼、说话幽默的爱泼斯坦，十分受人爱戴。大家都亲切地叫他艾培。

艾培对我们说，宋庆龄是他十分钦佩与崇敬的人，并说，他与宋庆龄早在认识之前就已经神交了。

孙中山与宋庆龄结婚照。摄于1915年10月日本

10. 初识宋庆龄

艾培说，自己从小生活在中国，早在童年时就听说过宋庆龄了，知道她是中国著名的推翻皇帝创建共和制的大总统孙中山的夫人。

他第一次看到宋庆龄是在1924年，那年他10岁，他是从报纸上刊登的一张孙夫人与孙中山一同到达天津的照片上看到了她。不久之后，孙中山与世长辞，他又从报纸上看到了与之相关的报道和孙夫人的照片。艾培从这几幅照片中感受到了宋庆龄的人格魅力，他认为这种魅力是通过其行动所表现出来的。比如，宋庆龄与孙中山一同北上的目的，是寻求统一中国的道路；孙中山逝世后她向国际社会宣告了著名的总理遗嘱。1927年她对蒋介石与汪精卫背弃孙中山遗教的行径表示了强烈的反对。

20世纪20年代的宋庆龄

1930年代初，艾培作为年轻的新闻工作者又从一些生动的有关革命的新闻报道，特别是美国的文森特·希恩撰写的《个人经历》一书中读到了对宋庆龄发挥作用的称赞。他从各种渠道接触到的有关宋庆龄的言论中，开始进一步认识宋庆龄，以及她所独具的风采。如他在报社工作时收到一些签有她名字的声明和呼吁，还有斯诺也交给他一些宋庆龄所写的文章等，不仅说理雄辩，感情强烈，而

由尼赫鲁派来支援中国抗日斗争的医疗队员柯棣华接替白求恩，担任国际和平医院第二任院长

且直截了当，切中问题要害。

而第一次亲眼见到宋庆龄，还是在1938年的广州。当时，艾培担任美国合众社的通讯记者。抗战爆发后，南京沦陷，武汉与广州都受到了严重威胁，艾培正在广州作报道。他看见日军每天都对这个城市狂轰滥炸，但是人民没有屈服，英勇抵抗。就在这样的时刻，宋庆龄来到广州，与浩浩荡荡的示威队伍一起行进。他清楚地记得，那是9月18日，是日本占领中国东北三省的国耻纪念日。成千上万的广州市民打着火把在夜晚的街道上游行示威，苗条端庄、容光焕发的宋庆龄神态镇定地走在游行队伍的最前列，这一刻在他的脑海里留下了不可磨灭的深刻印象。

之后，宋庆龄将艾培等一批中外人士召集到一起商量组织“保盟”广州分会。宋庆龄告诉艾培，说她之前虽然没有见过他，但是早已在《民主》与《中国呼声》杂志上看到过艾培的文章，她通过艾培的文章知道了他的看法与

1935年宋庆龄与斯诺在上海

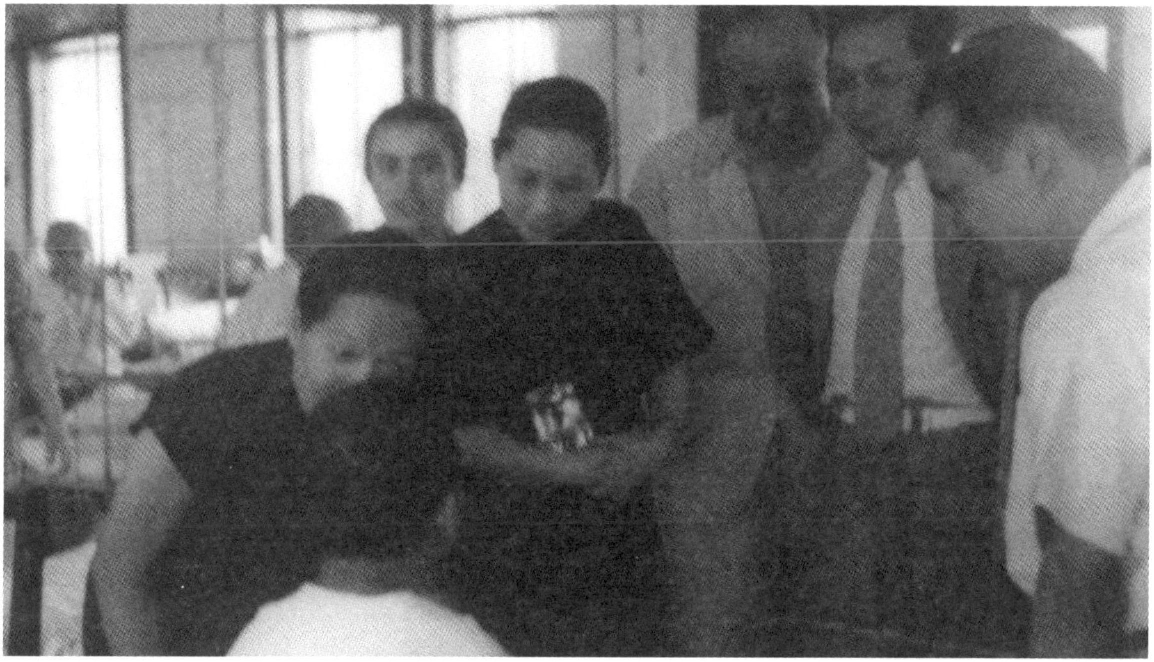

宋庆龄（中）去伤兵医院慰问。后排左一为伊迪丝，右三为马坤。艾培摄于 1938 年广州

文笔，对他有了初步的了解与基本的认识。同时，宋庆龄又邀请艾培参加第二天迎接印度国大党派来的医疗队的活动。

在广州沦陷后，宋庆龄即邀请艾培到香港参加“保盟”的中央委员会，任务是编辑机构的机关报《保盟通讯》。从此，艾培与宋庆龄及其事业紧密联系在一起，直至生命的终结。

1938 年艾培在广州拍摄的宋庆龄

11. 难忘的香港岁月

提起与宋庆龄一起在香港的岁月，艾培认为是十分难忘的。1938 年底，日本军队占领了广州后，艾培接受宋庆龄的邀请，从广州到了香港，参加了设在香港的保卫中国同盟中央委员会，任务是编辑它的英文出版物。但是他却被原来供职的合众社解雇了。

当时“保盟”的骨干基本上都是尽义务工作，包括宋庆龄，都是不领取任何报酬的，艾培也是如此。那么，被解雇了的艾培靠什么生存呢？宋庆龄知道艾培十分需要一份有报酬的工作以谋生糊口，便请孙中山先生以前的贴身保镖莫里斯·科恩（Morris Cohen，中文名马坤）想想办法，替艾培在新闻界找一份差事。莫里斯·科恩对香港的情况相当熟悉，很快就替艾培找到了工作，即给一份香港历史最悠久的创办于 19 世纪 50 年代的颇有影响的《香港每日新闻》（《孖剌报》，英文名 *Daily Press*）当编辑。这样，艾培的生活就有了着落。

这份报纸的负责人是曾担任过上海市长的俞鸿均，他是为报社提供经费的国民党的“中央信托局”的负责人。因为是孙夫人宋庆龄推荐的人，应聘时，他对艾培还是满意的，特别是对他的新闻工作经历很满意，不久就让艾培担任了报纸编辑部的负责人。艾培运用两个刊物作为阵地，通过媒体，发挥了香港与世界大部分地区联系的窗口作用，使香港成为一条通往外界的联系渠道，以便取得全世界反法西斯力量和海外华侨的支持，加强国共两党的统一战线和全国人民的抗日斗争。

宋庆龄在香港家中

12. 编辑《保盟通讯》

《保盟通讯》是宋庆龄于 1938 年创办并领导的保卫中国同盟的宣传刊物。

艾培是刊物的主要编撰者，对这份刊物充满感情。50 年之后，他将自己一直保存着的《保盟通讯》作为文物全部捐给了北京宋庆龄故居。

在中华民族遭受灾难的危急时刻，宋庆龄于 1938 年 6 月 14 日在香港创办了保卫中国同盟。这是一个有外国人士参加的专门从事向海外募集资金和医药物资，支援中国人民抗日战争的国际性的反法西斯救援机构。

为了与国际援华团体建立经常联系，“保盟”于 1938 年下半年创办了《保卫中国同盟通讯》，专门向海外友人和华侨介绍中国抗日战争的情况和需要，通报“保盟”的工作和海外援助的情况。

《保盟通讯》早期是一份油印的英文简报，编印过六期：第一期是“保盟”名誉秘书司徒永觉夫人（即克拉克，

CONTRIBUTIONS FOR AUGUST

MONEY:

AUGUST 1940:

U.S.$: Sra. Lina de B. de Loizaga, Buenos Aires, $10.00; Mr. Santiago P. Wong, $10.00; Mr. Kevin T. H. Wu, $5.00; Miss Florence Ware & Dr. E. Q. King, $20.00; Washington Committee for Aid to China, $2.00; Mel Harris Co., $1.00; China Aid Council, New York, $500.00; People's Bookshop, Salt Lake City, $2.50; An American Friend, $10.00;

TOTAL: $560.50.

£ Sterling: Mr. Tan Teik Chye, 1s; China Campaign Committee, £169:4s; Mrs. J. M. C. Street, £1;

TOTAL: £170 5s.

Pesos: Mrs. R. E. Crouter, Baguio, P10.00; Mr. J. Stapler, Manila, P5.00;

TOTAL: P15.00.

H.K.$: Committee for Medical Aid for China, Victoria B.C., $710.91 (Can. $200.00); Children of Philippine Chinese Hong Kwong Institute, Manila, $302.00; Mrs. F. W. Shepherd, $4.50; Mr. Yam So Wah, $5.00;

TOTAL: $1,020.41.

N.C.$: Mr. S. F. Balfour, $70.00; Philippine Chinese Women's Relief Association, $41,280.78 ($21,630.78 for War Orphans, $10,000.00 for C.I.C., $10,000.00 for C.D.L.); Promotion of Labor Association, Manila, $1,200.00;

TOTAL: $42,900.78.

SUPPLIES:

Committee for Medical Aid for China, Victoria, B.C.: 5 Cases of bandages and hospital sundries; 1 Case of blankets.

Chinese Youth Association, Victoria, B.C.: $HK. 2,850 to provide complete accessories for portable X-ray for Bethune Memorial I.P.H.

Standard Industries Inc. U.S.A.: 10 bales of Compressed Towels.

Dr. Lin Yutang: 3 parcels of old clothes, 1 box of medicine.

NEW PHILIPPINE COUNCIL

First advice has been received in Hong Kong of the formation of a new Philippine Council, which it is hoped will cooperate with the C.D.L. in helping to meet some of the most urgent needs of China Relief work. Established both in Manila and Baguio, the Council is sponsored by a representative list of leading Filipino, American, British and Chinese citizens; and is specially designed to coordinate medical and other relief for China by keeping in close touch with the demands of the war situation, and with existing China committees in the P. I.

Chairman of the Executive Committee of the new Council is Judge James C. Vickers of Manila, well-known American lawyer and former Justice of the Supreme Court. Other Officers of the Council are: Vice-Chairmen, Mrs. D. G. McAvoy, Mrs. J. B. Stapler, and Dr. Melquiades Gamboa; Recording Secretary, Mrs. A. Rodolfo; and Treasurer, Mr. W. R. Babcock. Corresponding Secretaries; Mrs. A. S. Heyward, 30 Del Pan Ave., Pasay, Manila; and Miss Cordelia Job, The Brent School, Baguio.

At a time when international support for China and relief for the victims of her three-years' war is of especial importance, the C.D.L. welcomes the formation of the new Philippine Council, and wishes it every success in its future work.

ORDER C.D.L. CHRISTMAS CARDS NOW!

The C.D.L. has already printed three grades of Christmas Cards, to be sold for the benefit of Sick and Wounded Soldiers. We should like to inform friends in the Philippines that these cards may now be obtained from: Mrs. A. S. Heyward, 30 Del Pan Ave., Pasay; from the [illegible] Drug Store, Manila; and from Mrs. James Baker, Baguio.

We understand that the price of the cards in the P.I. will be approximately: 1. Cards on red Chinese paper with designs printed in black, 1 Peso per dozen; 2. Woodcut reproductions on heavy white art paper, Pesos 1.50 per dozen; 3. De Luxe parchment cards with embossed Chinese "good luck" characters and mounted hand paintings on silk, 4 Pesos per dozen.

Order your cards early to send them to friends overseas!

SURGICAL EQUIPMENT FOR THE I.P.H.

Photo shows one complete set of surgical equipment for frontline hospital work. Eight other sets similar to this one photographed in Hong Kong have now been forwarded by the C.D.L. to the four main centres of the International Peace Hospital in China.

The equipment was bought by the C.D.L. in England through the British Relief Fund, at a cost of £60 per complete set, which includes steriliser and all necessary frontline accessories.

Printed by South China Morning Post, Limited for the Proprietor, Tang Man Chiu, Hong Kong.

—4—

油印版《保盟通讯》第五期第二页

Reprint of Mimeographed Issue No. 1 of China Defence League Newsletter ([illegible] 1938) in China Today, New York, January 1939

（这是《保盟通讯》第一期的文章，当时是油印的，后在美刊《今日中国》转载）

THE FIGHT GOES ON—TO VICTORY

By I. EPSTEIN

AS United Press correspondent in Canton, I spent five months in the city of Canton, witnessing the worst of the terror-bombings, the resurgence of popular organization for resistance, and finally the evacuation and fall. As a newspaperman I had not only to follow the sequence of events but to penetrate beneath the surface in order to see what augury these events held for the future. Before the invasion, I made trips into the interior of the province so that my observations were not confined to Canton. Following the Japanese landing, I travelled to the front and was able to get a glimpse of the military causes for the rapidity of the advance. After the occupation I again spent several days in the countryside where I witnessed at several points the arrival of the Japanese and the reactions of the rural population. Besides this it was part of my duties to interview numerous foreign and Chinese eyewitnesses of different phases of the campaign and occupation.

All these observations on the spot convinced me that the rapid fall of Canton by no means signified the collapse of the resistance of the Cantonese people. Nor did it discredit in any way the work of organization which had been gaining

A group of war orphans sheltered by the Chinese Government. *Photo by [illegible]*

impetus during the preceding three months. There can be no doubt that in the course of these activities tremendous numbers of people were stirred to a consciousness of the tasks facing them as Chinese and as citizens of Canton. Within the space of several weeks quiet shop clerks and garage mechanics changed into talented orators and organizers. Every parade and rally brought out new groups, new faces and new leaders. After a year of silent acceptance of ruthless bombing, the people of Canton could at last speak out, organize, prepare for their own defense. The activities of the three summer months were illuminated with passion. The civil and military authorities of the province lagged far behind the people. For the late emergence of mass activity and for the failure to utilize the great human reserve which the campaigns of July, August and September made available for the defense of the city and province they alone must be held responsible. The success of the evacuation, when evacuation became inevitable was due to the intensive political training which the people of Canton had been receiving since the bombings. Likewise the rapid formation of guerrilla units, the staunch defense of individual villages by the people's militia, and the absence of any significant group in the province willing to lend itself to the aims of the Japanese.

The evacuation of Canton was unprecedented in history. Within a few days a city of 600,000 (the normal population of Canton is over a million) became an uninhabited desert of brick and mortar. It is estimated that on the day of the Japanese entry (October 21) there were not more than 10,000 people in the city.

The completeness of the evacuation, the willingness of the Cantonese to leave their homes rather than submit to the invaders and the fact that even a fortnight after the occupation there was no sign of any large-scale influx of returning inhabitants (the Japanese had, perhaps on purpose, left several avenues open) provides full proof of the unbroken spirit of the people of Canton, of their unquestioning acceptance of a life of hardship and struggle as preferable to a life of slavery, and of their conviction that the Japanese victory is not final and that the fight will go on. If the sole motive of the evacuation had been fear of the consequences of a battle within the city, or of atrocities on the part of the invading vanguard, large numbers of people would long since have returned.

The occupation by the Japanese army and the subsequent arrival of the navy quickly led to the beginning of the "exploitation" of the conquest. It revealed again the predatory nature of the whole Japanese adventure in China, the fact that it is essentially a looting expedition rather than a campaign to acquire territory for "honest" and businesslike development. Japanese troops commandeered rice in private warehouses, in shops, and in the markets where it had been freshly harvested from the fields. Individually, they looted goods in the stores of the city. Under orders, they began removing iron gratings, roof sheeting, disused machinery and generally every scrap of metal they could find. Japanese units marched into the city driving stolen cattle, pigs and poultry. Even the miserable bedding rolls of refugees were "com-

5

油印版《保盟通讯》第五期刊登的艾培文章。标题上方是艾培和黄浣碧手写的备注

当年铅印出版的《保盟通讯》

香港医务总监的夫人）写的《中国军队医疗工作和中国红十字会的工作报告》；第二期是中国艺术家陈伊范（陈友仁之子）写的《访问西北特区和江南前线见闻》；第三期是香港外科大夫哈利·泰博在南昌等地从事战区医疗的报告；第四期是中国红十字会医疗救护总队第 29 中队队长江兆菊（解放后担任了宋庆龄创办的国际和平妇幼保健院第一任院长）写的《延安基地医院情况》；第五期是艾培写的关于广州沦陷前后的报道；第六期是路透社记者杰拉尔德·萨松写的武汉保卫战和日军占领武汉的报道。

1939 年 4 月 1 日，《保盟通讯》改为铅印出版的双周刊，称为新刊第一期，发行 1000 份。从新刊的第七期起，增至 2500 份。为扩大在华侨中的影响，1941 年初，《保盟通讯》从第 26 期起，还同时出版了中文版。1941 年底，日军占领香港，《保盟通讯》被迫停刊，新刊共出了 36 期。

漫画家、原《人民中国》副总编陈伊范晚年像

《保盟通讯》的出版发行，使全世界相信中国人民有能力战胜敌人，使全世界认清中国人民的处境和他们斗争的重要性。

《保盟通讯》的出版发行，打破了国民党政府对抗日根据地的新闻封锁，帮助外国援华团体、华侨和海外朋友了解中国抗日战争的真实情况，推动了海外的援华活动。

艾培担任了《保盟通讯》的主要编辑工作。在总共出版的 36 期中，艾培亲自参与工作的就有 30 期。仅有第 18 至 23 这六期，因他不在香港而缺席编辑。先后参加《保盟通讯》英文版编辑工作的有约翰·利宁、詹姆斯·贝特兰等人。中文版编辑为邹韬奋、金仲华等。

《保盟通讯》是宋庆龄十分重视的刊物。直到 50 年之后，艾培依然认为《保盟通讯》是一份很有价值且很有特点的刊物。

他说，其一，内容具体。它并不是用一般的言词来要求人们给予支持，而是用那些在战地做实际工作的人们写的报告，使读者犹如身临其境，感受到那些取得的成功、存在的问题，那些有创造性的战胜危险和困难的情景都是撰稿者自己经历的事。就这一意义而言，保卫中国同盟不仅在取得国际上同情我们的人们的帮助方面做出了榜样，而且在如何引导国际舆论同情和崇敬中国人民的伟大事业方面也做出了榜样。

其二，在这些报道中极少或没有任何“外交礼节”。

華商報

捐助工合以工代賑祖國傷難

孫夫人等主辦

一碗飯運動今日起舉行

港柴薪供應問題

宋庆龄发起为抗日前线募捐的“一碗饭运动”社会反响热烈，此为报纸刊登的相关报道

宋庆龄在“一碗饭运动”开幕式上讲话

由宋庆龄领导的“保盟”援助的延安中央医院

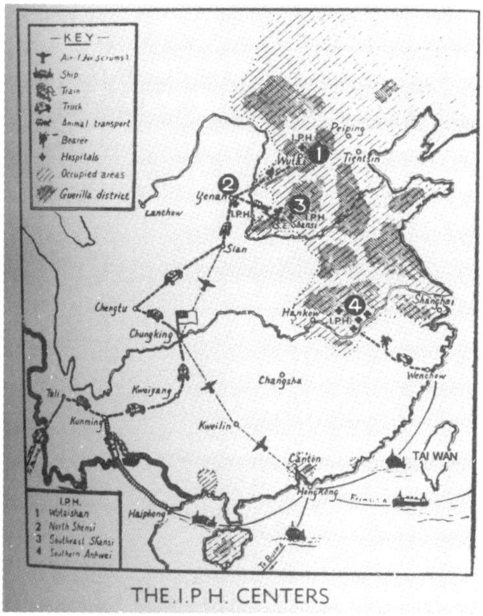

“保盟”援助抗日前线的物资运输路线图

没有谁会见了谁，谁参加了什么等知名和显要人物的名单。《保盟通讯》中提到的唯一宴会是关于募集基金的“一碗饭运动”的宴会，吃者付一餐的全部费用，但只吃一碗饭，其差价款交保卫中国同盟供救济项目用。

其三，是撰稿者的身份。绝大多数撰稿者是在战地工作或亲眼目睹和熟悉情况的人，国际友人亦然。诺尔曼·白求恩写他在国际和平医院治疗伤员的情况，路易·艾黎从中国工业合作协会（简称“工合”，下同——编者注）的基层单位寄来稿件，伊文思·卡尔逊在视察了新四军后写出报告，詹姆斯·贝特兰写了关于他如何运送医药物资从香港到延安的经历等等。他们中有些是有才华的作家，但首要的是他们亲自到了现场。《保盟通讯》综合报道了关于在中国的工作以及各种国际力量给予中国的帮助，说明了事件的来龙去脉及其意义。这一意义已延续到今天，而且仍将延续下去。

《保盟通讯》这一鲜明的风格特点，恰恰体现了艾培的新闻观，也是他一贯保持的新闻写作风格的体现。

13. 机构的灵魂

每当回忆起在香港与宋庆龄共事的岁月，艾培总是十分愉快与兴奋。

他说宋庆龄是机构的灵魂，这是源于其经历，其坚定的原则性和磁石般的个人魅力，由此宋庆龄不可替代地成为事业的支柱与灵魂。

宋庆龄作为孙中山夫人、作为中国共和革命创始领袖的遗孀，受到全世界的尊敬。同样，她以对中国团结进步的爱国事业的一贯忠诚、纯洁的思想，不受腐蚀的廉洁正直的品德而闻名于世。她的热诚使她能广交中外朋友并团

“保盟”部分中央委员合影。左起：艾培、邓文钊、廖梦醒、宋庆龄、克拉克、法朗士、廖承志

宋庆龄与丁聪（左）、陈烟桥在抗日宣传画展合影（叶浅予摄）

“保盟”驻延安代表马海德（右）与自愿为“保盟”运送物资并留在延安服务的德国医生汉斯·米勒

晚年贝特兰和他写的回忆录《在中国的岁月》封面

结不同观点的人为共同的事业而奋斗。她虽堪称世界著名的有影响力的人物之一，但同时她又非常谦逊，年轻人和地位不高的人与她在一起时，一点不感到拘束。

当年，“保盟”在香港的委员会人数不多，但充满朝气。宋庆龄那时只有 45 岁，大家把她当做慈母一样看待。在机构里发挥重要作用的廖承志，是中共及其抗日武装力量驻香港的代表，当时不过 30 岁，其他成员也都是二三十岁的人，艾培的年纪最小，只有 23 岁。在宋庆龄和这个人数不多的核心周围，团结了一大批各式各样的志愿人员，随时听从她的召唤。

艾培说，宋庆龄处理与“保盟”同事的关系非常民主。她平等待人，不论什么工作，包括在办公室用打字机打信件和救济物资的打包托运工作，她都跟大伙儿一起干。“保盟”那时每周举行一次例会，会议的气氛非常轻松、随意。会议由宋庆龄主持，但她从来不会一个人滔滔不绝地讲，而是让所有在场的人都发表看法。通常是她先倾听别人发言，在会议快结束时，她才说出自己的看法，但也不是做最后结论的架势，谁要有话还可以说，即使说的观点同她相反或有新的点子，她也从不表示不高兴。谁都想不起来什么时候听到过她提高嗓门说话。她的话总是很清晰、务实，她常常提出一些具体工作以及工作日程，而不是只说点意见或判断。在她主持的会议上，大家不论在她发言之前还是之后，都可以畅所欲言，这是由于大家的目标与立场都是一致的。中国籍的成员把自己为祖国的生存而战看成是世界人民反对压迫和侵略的斗争的一部分，外国籍成员则把支持中国人民的抗日斗争看成是全世界反法西斯事业的一部分。

有一件趣事令艾培终身难忘，并多次提起。在香港时，艾培与唐纳德·艾伦同住。唐纳德·艾伦是一位教师，美国共产党员，也参与创建了“保盟”广州分会。在广州沦陷后，他也来到香港，是“保盟”的志愿者。有一次他们俩邀请宋庆龄来住处共进午餐，她欣然同意。艾培高兴极了，两人兴致勃勃地动手准备起来，等到午餐制作完毕，却发现，他们的住处没有桌布，情急之下，只好用一条干净的床罩代替铺上。席间，大家一边吃，一边聊着“保盟”的工作。饭后，宋庆龄向他们表示感谢，接着她问：“你们中的哪一位睡在这条床罩下面？告诉我，我才走。”艾培和艾伦在大笑中送走了宋庆龄。艾培说，宋庆龄就是这样与年轻人有说有笑地和谐相处的。

从英国回来的舞蹈家戴爱莲为抗日多次义演

还有一次，宋庆龄约艾培一起到九龙码头上迎接从美国回来的朋友，结果艾培迟到了。当看到宋庆龄一人站在码头上，四周是码头工人们正在忙着搬运和安装绳索、滑轮和卸货装置设备时，艾培赶紧道歉，说：“真对不起，让您一个人在这儿等。”虽然宋庆龄最讨厌任何人的迟到与不守时，但是她并没有严厉地批评艾培，只是说：“那么多工人在我身边，我不觉得是一个人。”

1939 至 1940 年，在宋庆龄领导下，“保盟”的工作发展很快。“保盟”和它的支持者得到了国外的广泛赞助，特别是在“保盟”成立的头两年。在美国，“美国援华会”是通过“保盟”送交捐款的。这个委员会的名誉主席是罗斯福总统的母亲。“保盟”与国外的许多进步援华组织建立了联系。这些援华组织是由同情中国的外国人和华侨组成的。对这些外国人和华侨来说，宋庆龄代表着原则与正义。捐款和救援物资从世界各地源源而来。艾培亲眼看见海员们将在同伴中募集的捐款和物资送到“保盟”的办公

香港渣打寶源銀行

No. 384287 Hongkong 22nd Feby 1940

The Chartered Bank of India Australia & China,

HONGKONG.

Pay Hon. Treasurer, The China Defence League or Bearer

Dollars ten thousand

$10,000.00

香港渣打寶源銀行

“保盟”募集捐款的支票

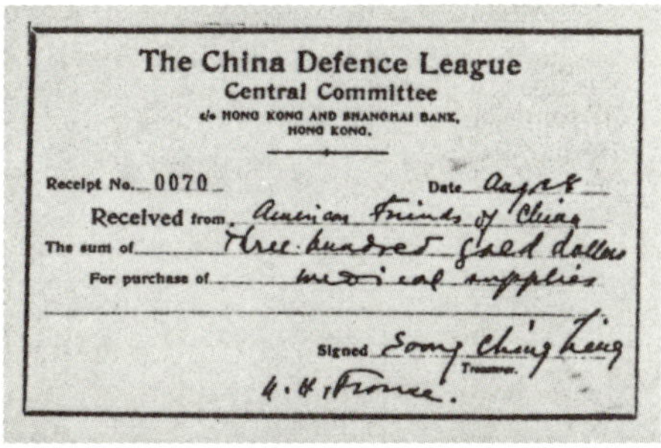

The China Defence League

Central Committee

c/o HONG KONG AND SHANGHAI BANK,

HONG KONG.

Receipt No. 0070 Date

Received from American Friends of China

The sum of Three hundred gold dollars

For purchase of medical supplies

Signed Soong Ching Ling

Treasurer.

宋庆龄签字的捐款收据

“保盟”发动画家义务创作的抗日宣传画发往世界各地

宋庆龄在抗日宣传画下

宋庆龄在香港码头查看救援物资

地点，并把“保盟”的宣传品成捆地带走散发。每一笔捐赠的现款和物资，不管数额大小，宋庆龄都在收据上签名。

“保盟”在香港多次组织捐款和义卖活动。捐助的人既有生意兴隆的企业家，也有普通劳动人民；既有中国人，也有外国人，他们都是仰慕孙夫人宋庆龄之名而来。艾培深深感受到了宋庆龄的崇高威望，连香港总督罗富国也来参加宋庆龄主持的各类活动。艾培说，由于“保盟”在钱款方面的绝对廉洁自律，声誉远扬，因此，就连宋美龄领导的全国性组织“伤兵之友社”也委托“保盟”对它在香港开展的捐款活动进行审计。

14. 忘我工作

当年在香港，艾培每天从黄昏一直忙到深夜，但丝毫不觉疲倦，还有时间做其他许多工作。他说，在宋庆龄的领导下，自己感觉浑身有使不完的劲。

艾培除了为“保盟”做宣传工作外，还为宋庆龄担任名誉主席的工合国际委员会编辑了一两本小册子。也就是在为“工合”工作的时候，他遇见了后来成为他第二任妻子的邱茉莉，当时她担任“工合”的秘书，兼任陈翰笙的助手。艾培的第一本著作《人民之战》也是在那时候问世的。他在这本书中讲述了他所看到的中国头两年抗日战争的情况。宋庆龄称赞这本书“不同于其他外国人写的关于中国抗战的著作，因为它是第一手的分析性报道，并把目前的斗争同过去的历史和对未来的展望联系了起来”。

此外，艾培还在也是“保盟”中央委员的廖承志的主持下，从事中共文件的英文译本的编辑改稿工作。廖承志

叶浅予、斯诺、艾培、金仲华、张光年、丁聪、陈宪錡（左起）在抗日画展合影

交给他翻译的文件是延安精选出来，准备在国际上发布的，其中包括毛泽东的经典长篇论著《论持久战》。来自延安的这些文件和其他一些文件在香港翻译出版后，有时从本港、有时从马尼拉发往世界各地。当时与艾培一同参加翻译的还有同住的艾伦和叶君健。当年他们三人在香港的罗便臣道租住了一套房子，稿件译完后打在蜡纸上，油印出来，分发出去或送到国外去复印。

后来，他们还挤出时间编辑了延安推荐的《中国革命运动史》的英文译稿，并对几期《中国作家》的英文版作了文字加工。

在香港的这段时间，艾培开始给《纽约时报》投稿，论述中国的新文学艺术。这些文章发表在该报的“图书评论”版。又过了些年，艾培开始给《纽约时报》写关于中国解放区的第一手报道系列，这也是该报第一次刊登有关中国解放区的信息。

廖承志组织艾培翻译政治文件的工作是由周恩来直接领导的。艾培他们为之工作的那些出版物可以被认为有助于促使新中国第一批外语对外宣传书刊的诞生。

1998 年艾培在香港庆祝“保盟”成立 60 周年典礼上发言

15. 逃出拘留营

在日本偷袭珍珠港并同时进攻香港之前，艾培在义务为“保盟”从事宣传工作的同时，又在英国报纸《南华早报》工作。他每天都是乘轮渡从居住地九龙到本岛。九龙被日军占领后，他就搬到香港报社，晚上睡在桌子上。在日军进攻的第二天，“保盟”中央委员会召开紧急会议，一致决定，让宋庆龄立即离开香港赴重庆做重建机构的准备，其余人在香港做撤退准备，特别不能让一些机密资料落入日军手里。后来，事实证明这样的决定是正确的。因为留下的中央委员们，几乎都被关进了集中营或拘留营，还有一位在香港保卫战中牺牲。

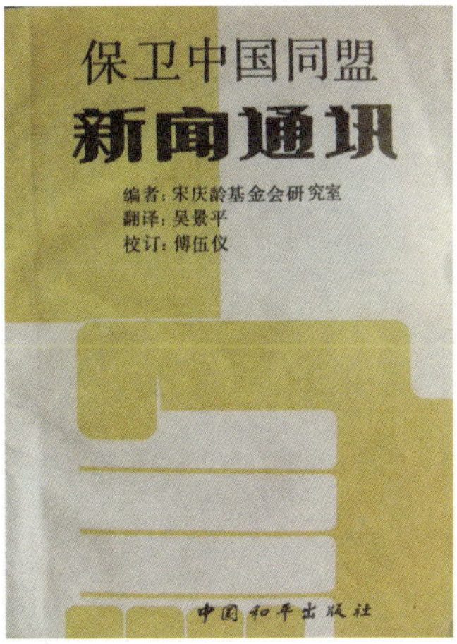

1989 年编辑出版的《保盟通讯》汇编封面

宋庆龄乘坐的是从香港机场起飞的最后一个航班，飞机刚一飞离，香港机场即被日军的炮火炸毁。在宋庆龄离开香港后，“保盟”的办公室成了艾培与柳无垢及她的父亲柳亚子一家人的避难所。柳无垢时任“保盟”办公室的秘书。每天艾培在报社工作完毕后，就冒着隔海射来的日军炮火赶到“保盟”办公室去帮助柳无垢销毁文件。“保盟”在香港时期的大批珍贵资料，在紧急的战争环境中，只能全部匆匆销毁。刚刚精心采写并编辑好的 1940—1941“保盟”年报，已经在印刷厂完成了排版，也不得不被迫全部销毁。“保盟”时期一共编辑了四本年报，目前只能看到其中的三本，而 1940—1941“保盟”年报，因为战争，只能永远消失了。

随着战局的失利，艾培决定从人们的视线中消失，以免被日军抓走。中共驻港代表为他作了安排。先由廖承志给他工作的《南华早报》打了一个匿名电话，称有人看见爱泼斯坦在香港湾仔地区被一颗日本炮弹炸死了，然后艾培用假名躲进了一家医院，假装成伤员，准备转移到东江游击区去。

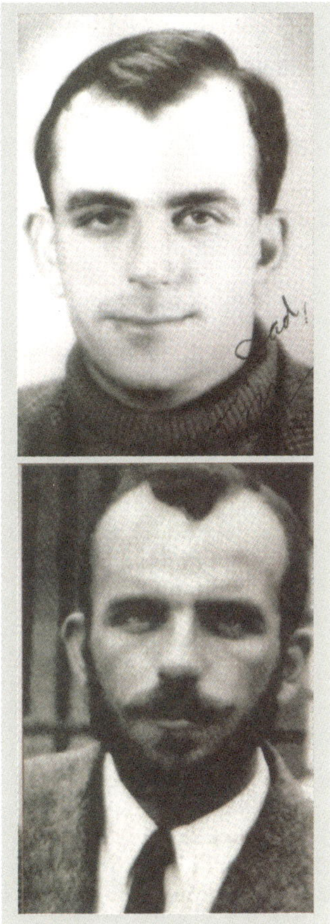
香港沦陷后为躲避日军抓捕而化装的艾培

结果，这个计划没能成功，艾培与一批在港的外籍老弱妇幼一道，被关押到了赤柱拘留营。而艾培的父母却在

1998年艾培（中）在香港赤柱与出席纪念“保盟”成立60周年活动的吴蔚然、黄浣碧、戴爱莲、邓广殷、黄华（左起）合影留念

美国看到了刊登在《纽约时报》上的这则假消息，为痛失独生子而伤心不已。

艾培是个极其乐观的人，他一进赤柱拘留营就联络狱友积极设法逃脱，好在拘留营内管束得并不太严，于是他们可以趁机每天为出逃做各种准备。艾培在赤柱拘留营里最大的收获是巧遇了也被关进来的邱茉莉。他们在共同策划越狱的过程中，发现了对方可贵的品质，擦出了爱情的火花。后来，艾培和邱茉莉与另几位同伴历经惊险，设法冒死成功逃离了赤柱拘留营。他们先是到了澳门，几经辗转后来到重庆，又开始在宋庆龄领导下为“保盟”奋战。

1998年，中国福利会在香港庆祝宋庆龄创办“保盟”60周年时，艾培带着我们一起来到他当年被关押的赤柱拘留营旧址。这里现在是一所中学，他兴致勃勃地向我们重又讲述了当年惊险越狱的故事。

16. 重庆再聚

宋庆龄在重庆

1942 年，艾培与邱茉莉几经辗转到达重庆后，与宋庆龄会合，继续为“保盟”义务工作。

此时，经过生死考验的艾培与邱茉莉在重庆结为夫妇。虽然在战时的陪都比在香港工作难度大多了，但是他们这批重新聚集的“保盟”成员们又一起在宋庆龄领导下努力为赢得抗战的胜利工作。

艾培说，在重庆时，没有办公地点，只能在宋庆龄的起居室里工作。无法搞到印刷设备，只好托友人在旅行时把稿件带到国外，由国外支持者帮助印刷出版。1943 年的“保盟”年报《在游击区》就是在纽约印刷出版的。但是重庆也有比较有利的条件，作为战时的陪都，重庆有来

1943 年艾培（前排右一）与王安娜（前排左四）在重庆与中外记者在一起

1943 年 5 月宋庆龄（右三）在重庆为赈济河南水灾发起募捐活动

1943年“保盟”年报《在游击区》封面　《在游击区》扉页

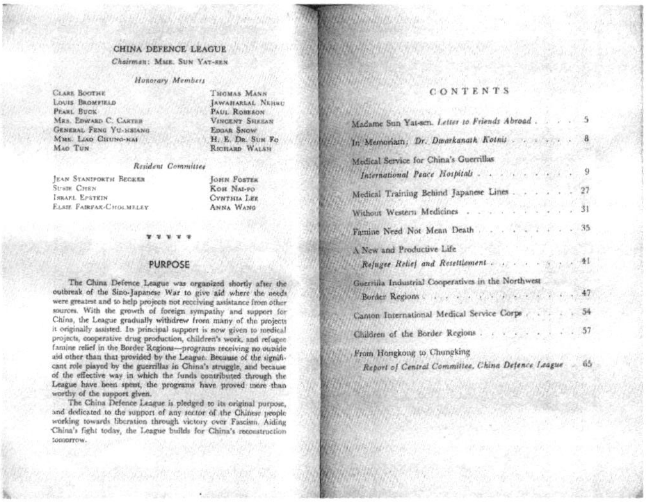

CHINA DEFENCE LEAGUE

Chairman: Mme. Sun Yat-sen

Honorary Members

Clare Boothe	Thomas Mann
Louis Bromfield	Jawaharlal Nehru
Pearl Buck	Paul Robeson
Mrs. Edward C. Carter	Vincent Sheean
General Feng Yu-hsiang	Edgar Snow
Mme. Liao Chung-kai	H. E. Dr. Sun Fo
Mao Tun	Richard Walsh

Resident Committee

Jean Staniforth Becker	John Foster
Susie Chen	Koh Nai-po
Israel Epstein	Cynthia Lee
Elsie Fairfax-Cholmeley	Anna Wang

PURPOSE

The China Defence League was organized shortly after the outbreak of the Sino-Japanese War to give aid where the needs were greatest and to help projects not receiving assistance from other sources. With the growth of foreign sympathy and support for China, the League gradually withdrew from many of the projects it originally assisted. Its principal support is now given to medical projects, cooperative drug production, children's work, and refugee famine relief in the Border Regions—programs receiving no outside aid other than that provided by the League. Because of the significant role played by the guerrillas in China's struggle, and because of the effective way in which the funds contributed through the League have been spent, the programs have proved more than worthy of the support given.

The China Defence League is pledged to its original purpose, and dedicated to the support of any sector of the Chinese people working towards liberation through victory over Fascism. Aiding China's fight today, the League builds for China's reconstruction tomorrow.

CONTENTS

刊登在1943年“保盟”年报上的“保盟”中央委员名单

自盟国的许多外交官、军事人员和救济机构的代表，以及各大媒体的记者，他们都想会见宋庆龄这位世界知名的人物，了解她的主张。中共代表周恩来也在重庆，即使国民党也无法阻止宋庆龄与周恩来见面。

宋庆龄领导的“保盟”在重庆的日子里，继续为支持抗日根据地开展各种义演、义卖和宣传活动，源源不断地募集医药物资，并千方百计运抵那里。在重庆的外国军事

宋庆龄感谢史迪威将军对中国抗日战争与“保盟”工作的支持

使团中，宋庆龄有一位好朋友史迪威将军，他因为钦佩宋庆龄和她的精神，进而充分信任孙夫人从事的工作，并全力予以支持。他曾命令飞往延安与军事观察组联络的飞机完成孙夫人交办的任务，携带送给八路军的医疗用品。有一次，他下令把运输机的舱门拓宽，以便安放一台送给八路军的X光医疗设备。

宋庆龄在盟军使团中广交朋友，不仅邀请军官，还邀请低级士官和普通士兵到她家去，或参加慈善性的社交舞会，因此，她在这些使团中赢得了普遍的赞誉。

当然，艾培与邱茉莉在重庆为保盟所做的主要工作，还是为赢得抗战的胜利而努力宣传与呼吁，传播真实和正义的信息。特别是争取到访问延安的机会后，艾培得以亲临早已向往的圣地，看到一个充满生机、朝气蓬勃，有理想、有目标的中国共产党领导的心脏，看到了人心所向，采访了毛泽东主席、朱德总司令和周恩来等中共领导人，他更坚定地认为，这是一个值得信任的代表人民利益的政党和军队；对这样的根据地的物质与道义的支持是正确的，也是值得的。

在延安时，艾培与毛泽东有一次单独的谈话从来没有报道过，也未做记录。艾培向毛泽东转达了宋庆龄的问候，并代表宋庆龄就“保盟”如何向延安提供更有效的帮助征

得到史迪威将军支持用美军飞机运往延安的大型X光机

由“保盟”资助的延安洛杉矶托儿所收养战争孤儿与当地儿童

“保盟”在洛杉矶华侨资助下帮助延安建立的洛杉矶托儿所

1944 年艾培（前排右二）作为外国记者团成员访问延安，受到毛泽东接见

求毛泽东的意见。毛泽东交给艾培一张所需物品的清单请他带回去交给宋庆龄。

在周恩来的窑洞里，周恩来告诉艾培，他利用往返重庆与延安的机会，把宋庆龄募集的药品和医疗设备以及无线电器材带到延安，一些虽小但十分珍贵的物件——牙科的钻头和外科手术用线等就放在自己的衣服口袋里带到延安。

在延安，艾培撰写了大量报道，通过被国民党当局强行留在重庆不许同往的邱茉莉及时发向世界，让被严密封锁的共产党根据地的信息冲破封锁，公之于世。

1944 年艾培访问延安的经历，深深促动了他的心灵。他在那里看到了很多新鲜东西，并在此基础上产生了对未来新的构想。他急于把自己的所见所闻与所感写成书，于是与妻子邱茉莉一起到美国（他父母的移居地）生活了五年，撰写出版了《我访问了延安——共产党领导的中国西北解放区目击记》、《中国未完成的革命》、《中国劳工札记》。《中国未完成的革命》一书的书名，取自孙中山先生“革命尚未成功，同志仍需努力”的遗训。该书 1947 年在美国出版后，艾培就寄了一本给当时在印度的斯诺。斯诺收到书后，给艾培写了封信：

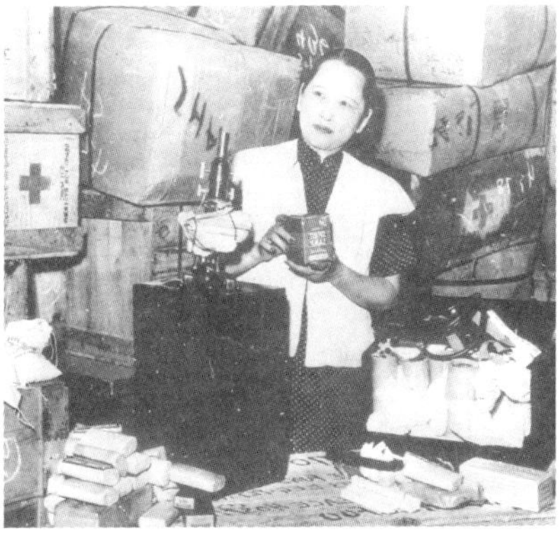

宋庆龄亲自查看运往抗日前线的救援物资

亲爱的艾培：

我终于在印度收到了你的著作《中国未完成的革命》，我衷心感谢你。这确实是一部很好的作品，流畅的文笔，精彩的报道，充满正确的判断和精辟的见解。书中最后一章“我们是否回到起点上”，考虑到杜鲁门请求国会增加拨款援助蒋介石一事，今天读来尤其令人感兴趣。我认为

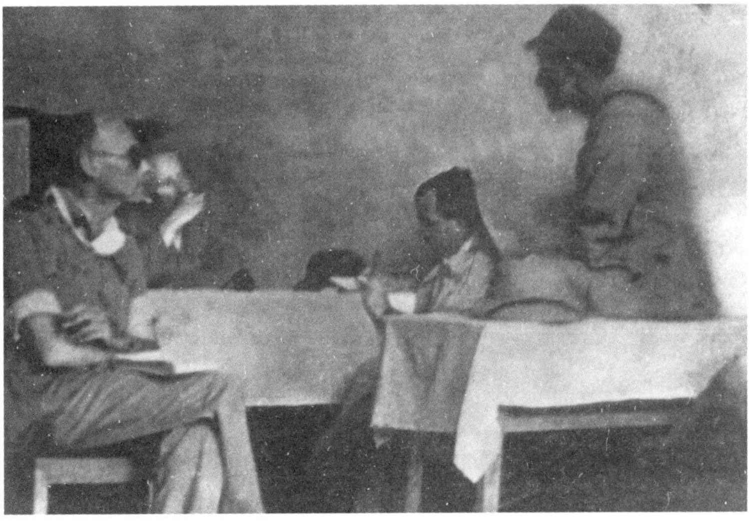

1944 年艾培（右二）在延安采访国际和平医院。右一为马海德

艾培将访问延安的情况向全世界宣传，图为他写的书

重视提出这个问题是非常适时的。

要是我能在国内就此书发表评论，要是我能早点读到这本书，那该有多好。这部书使我了解到许多新情况，我特别喜欢书中谈到的你自己在山西各地参观访问的章节。你出色地把旅行和历史、人物和事件融为一体。附带说一句，我注意到你提起我在1945年与罗斯福的谈话，以及他所说的“他打算同中国的两个方面都打交道，直到他们联合起来”这番话，你分析他这番话时做出的第一个推断毫无疑问是正确的。他确实曾计划直接向八路军提供军事援助，而不是仅仅派驻观察员……

好好干吧，艾培。不久我就将加入你们的行列。我现在深信，只有美国人民加速觉醒，彻底纠正不能认识到在国内实行真正的民主和国外实行民主的政策的状况，才能避免另一次灾难，这一次完全是疯狂的。

斯　诺

1948年2月23日于新德里

17. 《黄河大合唱》在美国唱响

1945 年至 1951 年初，为了写书，艾培与邱茉莉到了美国。对于他俩来说，这不过是战斗阵地的转移而已。

1944 年，艾培在延安第一次听到了《黄河大合唱》，当时就给他留下了深刻的印象。冼星海的这一作品，有力地表达了中国普通百姓深受日寇侵略的苦难和不屈不挠的反抗意志，同时它还表达了一种激动人心的活力。艾培想，这么好的作品，不应该只在中国唱响，还应该拿到国外去演出。于是艾培设法弄到了一份手写的歌谱，把它带出了延安。

他途经英国时，遇到了曾在香港一起为“保盟”工作的老朋友叶君健，于是艾培邀请他一起合作，根据英语歌唱的习惯将中文的《黄河大合唱》翻译成了适合用英语演唱的歌词。

到了纽约后，艾培赶紧去请著名的“唐格坞音乐节”的作曲兼指挥谢尔盖·科斯维茨基看一看，咨询可否在他那里演出，没想到谢尔盖·科斯维茨基表示很不屑，认为配器法太简单。可是执著的艾培并不放弃，他又请美国作曲家沃林福德·莱格尔帮忙，设法增加了比延安演出时更多的伴奏乐器，当然，他还积极努力，取得了美国援华委员会一些朋友的经费赞助，成功说服了新泽西特伦顿的威斯敏斯特合唱团举办了一次《黄河大合唱》演唱会，使这部在中国产生强大震撼力的《黄河大合唱》在美国的演出获得了成功。

这是美国人第一次演出《黄河大合唱》。在经历了第二次世界大战之后，为了争取统一的中国，避免内战，艾培在美国援华委员会的支持下，成功地为中美之间的音乐交流尽了努力。

后来，艾培回忆起当年，他与邱茉莉随同被摩托车簇拥着的州长车队前往特伦顿风光且激动人心的场面时，仍然十分动情地说，那情景实在难以忘怀。

艾培与叶君健合作将《黄河大合唱》译为英文，在美国演出。图为艾培从延安带出的《黄河大合唱》总谱

1950年代，艾培回到中国后，将在延安时拿到的乐谱，连同美国印刷的莱格尔版乐谱、在英国时翻译的歌词，以及特伦顿演出的节目单，一并捐给了中国音乐家协会。

半个世纪后，1995年，在纪念抗日战争胜利50周年时，美国的一个合唱团来到北京，又演出了这组大合唱。

除此之外，在纽约，艾培还教美国进步的工会会员和其他人跳中国解放区的秧歌舞。艾培认为，秧歌舞是一种载歌载舞的民间艺术形式，节奏欢快，身体随音乐摆动，很容易学，在中国辽阔的大地上，人们到处在扭秧歌，欢庆新中国的诞生。这是一种寓娱乐与政治、社会教育于一体的艺术形式。教美国人扭秧歌，能帮助他们感受中国劳动人民获得翻身解放的欢乐心情，培育他们对人民中国的亲近感。

20世纪40年代末艾培在美国向中国留学生介绍中国的情况

18. 编辑出版《孙夫人的报告》

抗战胜利后，宋庆龄领导的中国福利基金会继续想方设法从海外募集物资和资金，帮助中国战后重建。而此时，长期与宋庆龄领导的机构保持密切合作的美国援华组织由于美国政府对华政策改变而发生了很大的变化。

1947 年后，中国福利基金会在美国的募款工作十分困难。美国援华会和美国援华联合会先后加入了新组织的美国战时救济基金会。美国战时救济基金会代表了政治气氛尤其是美国对华政策的变化，美国援华会事实上已经很少收到救济资金了，分派到的一小笔资金也完全回避国际和平医院和其他中国福利基金会的计划。美国援华会的刊物也从月刊减少至季刊。这在很大程度上阻断了大范围内美国援华会同中国福利基金会的支持者们的联系。英国援华联合会也在改变援华政策，不再送资金给中国，换以实行奖学金和交换工作来代替援助。中国福利基金会资金募集工作面临着前所未有的困难。

在这种背景下，为了在海外推进中国福利基金会的工作项目，建立发展基础，宋庆龄决定经常编制一些专题报告，反映基金会主办或资助的项目情况，向海外援华团体和个人以及驻华外国新闻机构分发。

1947 年 6 月，宋庆龄发布了一份“中国福利基金会有关情况的报告”，并寄往美国。根据宋庆龄的要求，艾培积极为在美国出版报告而竭尽全力。

在 7 月的一次晚会上，艾培与朋友们相聚在一起，讨论如何把这份报告编辑出版的想法。大家发表了很多建设性的意见，弗兰克·泰勒提出可以在自己工作的兰登书屋内作设计构思，把报告做得更漂亮、正规，增加这份报告的可读性，使之成为一份激动人心的文件。

这位弗兰克·泰勒是个美国人，他原先在雷纳尔和希契科克出版社工作。1946 年 9 月，弗兰克来到中国，想了解中国的近代作家，寻求可供出版的作品。泰勒带着亨

1979 年 3 月 10 日，宋庆龄在北京寓所宴请泰勒（左）。右为艾黎

1979年宋庆龄在北京寓所会见《孙夫人的报告》主编泰勒（右四）

利·华莱士、约翰·赫西、理查德·劳特巴赫等人的引荐信，拜访了宋庆龄。泰勒性格开朗，思想开放，很想了解宋庆龄是否有出书的计划，宋庆龄对他印象深刻。30多年后，宋庆龄还能记起他当年来访时穿着红衬衫的样子。泰勒回到美国后，因与出版社的合伙人之一雷纳尔不和，转而到了纽约的兰登书屋当编辑。

泰勒把他的想法和构思写信告诉了宋庆龄，并表示："我们五个人对此负有责任，我希望我们能胜任此项工作……兰登书屋的同仁，将为能参与你的计划而感到无比的激动。"宋庆龄得知后很高兴，她很快回信说："非常感谢你对中国福利基金会的报告所给予的帮助。我们确实需要有些材料能向人们出示，使他们对我们的工作有一个全面的、深刻的印象。我相信，在你和其他朋友的帮助下，这份报告将会有吸引力并有教育意义。"

在获得宋庆龄肯定答复后，编辑工作很快在美国开始了，艾培负责文字编辑，他给小册子定名为《孙夫人的报告》，另外又加了个副标题"中国福利基金会的故事"。这样，从读者角度看，首先从名称上就增加了吸引力和可读

1992 年艾培与黄浣碧在美国与约翰·赫西（右一）再聚，回忆当年往事。左一为赫西夫人

性。他还邀请了自己童年时的好友、著名小说家约翰·赫西（他在天津时的同学，因为羡慕艾培儿时就在报刊发表文章并怀有编写两卷世界史的计划而最终走上写作之路）和劳·肖、劳伦斯·罗辛格、安娜·雅各比等几位美国著名作家为这份报告撰写评论，主编是弗兰克·泰勒，负责图片设计和出版。

宋庆龄在国内一直关注着报告在美国编辑的进展情况，她对这份报告抱有很大的希望，希望通过推销这份报告的活动，可以把它作为在美国赢得更多的长期资助人的一种方法；不仅如此，宋庆龄还期待在不久的将来，中国福利基金会的建议和计划能够影响到英国和新西兰，以期在这些国家为同样的目的而谋取资助。

当这份小册子还在编辑时，宋庆龄就开始筹划它的推销工作。在与大家多次讨论后，宋庆龄向美国援华会建议，可以借同期在美国发行《史迪威将军日记》一书的机会，一同推出这份报告。宋庆龄敏锐地意识到基金会的报告和史迪威将军有着直接的联系，而《史迪威将军日记》一定会在美国人中引起广泛的讨论和对中国的巨大关注。所以宋庆龄果断决定把小册子和《史迪威将军日记》一起发行。宋庆龄的提议很快得到了美国援华会的赞同，认为采取这一行动是合适的，可以作为宣传中国福利基金会工作可行的现成方法之一。

与此同时，宋庆龄又给史迪威夫人写信，希望她能发表一个声明，使小册子的宣传工作更加有力。史迪威夫人同意了，并且写了一段热情洋溢的话：“我的丈夫史迪威将军，对孙夫人和她的中国福利基金会工作予以那么高的评价，因此我必须向这位伟大的女性献上史迪威日记。这种奉献是表明他对她的尊敬。我希望《孙夫人的报告》这本小册子能得到广为流传，使读者懂得孙夫人的中国福利基金会，这个组织的工作值得全力支持。孙夫人的这个组织，犹如她自己一样，是廉洁的，是唯一能给最需要的那些人提供救济的组织。”后来，这段话被醒目地放在了小册子的腰封上。目的就是为了与《史迪威将军日记》一同发行，借以扩大这份报告的影响，最终完成小册子的目标——为中国福利基金会募集援助物资。

为了进一步扩大影响范围，当这份报告出版时，宋庆龄又不失时机地给《纽约先驱论坛报》、《纽约时报》、《西雅图时报》等负责人和主编写信，请他们对小册子的内容给予特别的关注，希望他们知道：“我把这本小册子献给你和美国人民是想说明，如果选择适当的机构作为桥梁，在这一片饱受蹂躏的土地上还是可以做好工作的。”宋庆龄最终是想通过当地的报纸向外界宣布《孙夫人的报告》已出版并向公众发行的消息，以此扩大这份报告的影响范围。

《孙夫人的报告》是本只有 48 页的英文小册子，由美国援华会资助在美国出版。1948 年 4 月，与《史迪威将军日记》一起发行，销路与反响很好。

《孙夫人的报告》虽然只是本小册子，但设计和印刷都很精美。宝蓝色的封面上是宋庆龄 1942 年在重庆的侧面半身像，黄色的腰封上印着一段史迪威夫人的话。翻开

在美国编辑出版的《孙夫人的报告》封面

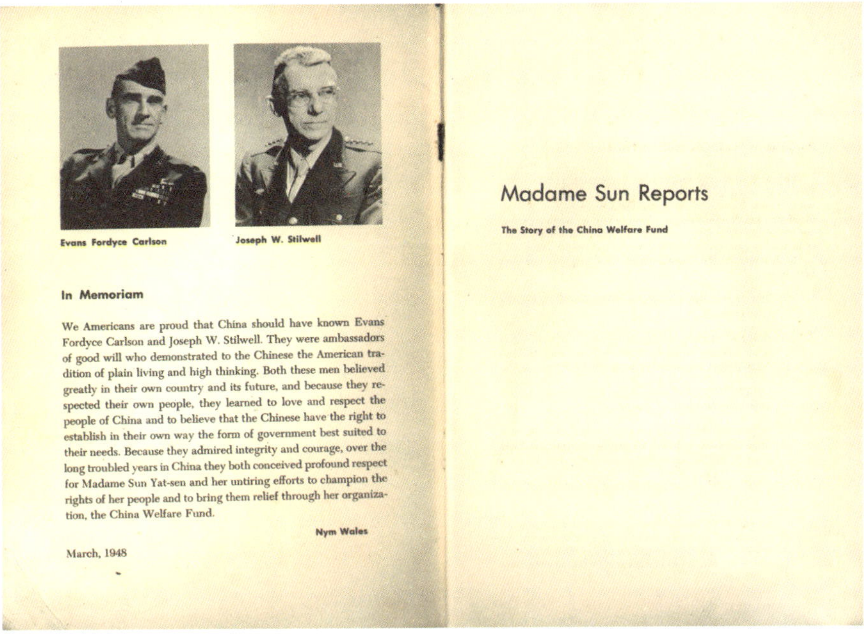

Evans Fordyce Carlson

Joseph W. Stilwell

In Memoriam

We Americans are proud that China should have known Evans Fordyce Carlson and Joseph W. Stilwell. They were ambassadors of good will who demonstrated to the Chinese the American tradition of plain living and high thinking. Both these men believed greatly in their own country and its future, and because they respected their own people, they learned to love and respect the people of China and to believe that the Chinese have the right to establish in their own way the form of government best suited to their needs. Because they admired integrity and courage, over the long troubled years in China they both conceived profound respect for Madame Sun Yat-sen and her untiring efforts to champion the rights of her people and to bring them relief through her organization, the China Welfare Fund.

Nym Wales

March, 1948

Madame Sun Reports

The Story of the China Welfare Fund

《孙夫人的报告》扉页

这本小册子，首先看到的是伊文思·福代斯·卡尔逊和约瑟夫·W. 史迪威的照片。史迪威是抗战时期美军中国战区统帅部参谋长兼中、缅、印美军司令；卡尔逊是抗战时期来华的美国军事观察员。照片下面是埃德加·斯诺的妻子尼姆·韦尔斯的献词。其中写道：“我们美国人，以中国知道伊文思·福代斯·卡尔逊和约瑟夫·W. 史迪威而感到自豪。他们都是具有良好意愿的使节，他们向中国人民表明了美国平凡生活和高尚思想的传统……在中国长期困难的年代里，他们都看到了孙夫人为了人民利益不知疲倦地斗争，并通过她主办的中国福利基金会从事救济工作，对孙夫人这种坚定和勇敢的精神，他们深为钦佩。”

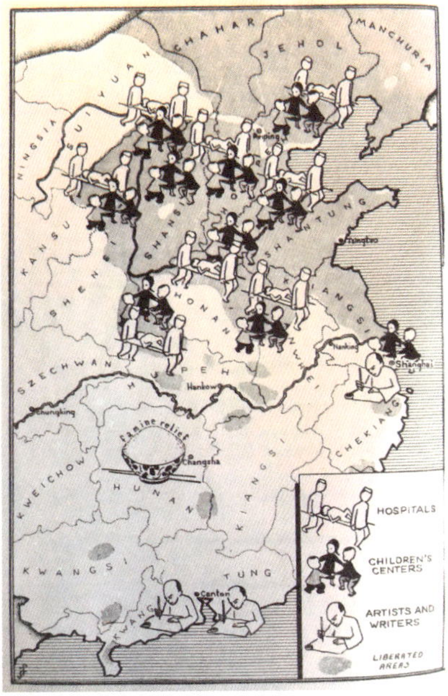

《孙夫人的报告》中形象的项目援助地图

小册子里配了一张漫画地图，标注了由中国福利基金会资助的中国华北、华东和华南地区的医院、儿童中心以及艺术家和作家的分布情况。边上是美国作家约翰·赫西写的一段话：“首先，孙逸仙夫人对她国家的贡献就是事例之一。她具有中国最需要的品质：坚定、大公无私、廉洁、勇敢和富于同情心。她代表了中国人民最优秀的品质和中国人民最高的希望。”在进入正式报告之前，先声明了中国福利基金会的宗旨，并刊载了宋庆龄1948年3月写给海外朋友的一封信，宋庆龄在信中感谢海内外朋友过去的慷慨援助，并呼吁继续支援中国人民的斗争。

正式的报告分为：国际和平医院、白求恩医科学校、制药厂、儿童——中国的未来、救济灾荒、艺术家和作家福利基金等六个部分。每个部分都配有实景照片，真实地介绍中国福利基金会资助的解放区的医疗和幼儿保育单位的情况和困难，以及该会在上海开展的儿童工作，救济湖南等地灾民和帮助全国贫病作家的情况。报告的最后部分是介绍中国福利基金会如何与海内外的相关机构合作开展工作的情况，以及今后的工作展望，还刊登了基金会的荣誉成员和工作机构的组成。

在报告里，简明扼要地阐述了机构的宗旨：

> 1948年标志着中国福利基金会（原称保卫中国同盟）已创办了十年。在这整个时期里，它一视同仁地为中国人民服务。现在进入了第十一个年头，它继续在孙夫人的领导下，为适应新情况、新需要而计划进一步扩展它的福利工作。
>
> 从它创立的那天起，中国福利基金会就发挥着以下的作用：
>
> 向海内外人士报道中国的需要。
>
> 在国内外筹集资金和物资，用于中国福利基金会的援助项目。
>
> 严格按照捐献者的意愿分发资金和物资。
>
> 同其他机构联系和合作，以便尽可能充分地把资金、物资和人才用于满足人民的需要。
>
> 在事属必需并有资金可使用的情况下，开展新的工作。
>
> 对资金和物资的分配和使用，各种项目的进展，对中国善后救济工作的途径，以及对进一步开展工作将采取的步骤等都要作出报告。

这本小册子的定价是每本 50 美分，为的是让尽可能多的人看到它。美国援华会用两种方式散发：一种是直接散发给个人；一种是整批发给特定的朋友，由他们举办售书集会，筹募资金。美国援华会还特地准备了一封致读者的信，夹在报告当中，信中说明了发行这一报告的目的，希望人们在所定书价之外随意乐捐。

除了在美国发行外，宋庆龄也一直设想向英国、新西兰和澳大利亚等地散发报告的办法。在报告还没有出版之前她就分别给英国、新西兰、澳大利亚等国的援华组织写信，介绍这本小册子，寻求各地发行的途径。

最终，英国联合援华会同意推销这份报告。于是，当小册子印好后便直接从美国寄去了 250 本，每本的定价由英国方面决定，在英国销售后的款项和募集的资金都计划用于在当地订购中国福利基金会需要的医药用品和设备。

宋庆龄同时也向新西兰方面介绍了这份报告，希望新西兰人民了解中国福利基金会的工作。她把如何利用这份报告搞募捐活动的想法写信告诉新西兰对外救济团体联合会秘书长科林·莫里森。

《孙夫人的报告》在美国发行后，反响很好。美国《华盛顿邮报》还专门刊登了宋庆龄介绍这本小册子和中国福利基金会情况的一封信。

无法估算《孙夫人的报告》这本小册子最终为中国福利基金会筹集了多少资金或是物资，但可以肯定的是艾培等为在海外出版发行《孙夫人的报告》付出了卓有成效的努力。报告在帮助海外友好人士了解宋庆龄及其机构的工作，争取海外援助等方面发挥了积极的作用，也是抗战胜利后艾培在美国为宋庆龄领导的中国福利基金会应对困境，在海外募款的一个成功案例。

19. 组织中国福利呼吁会

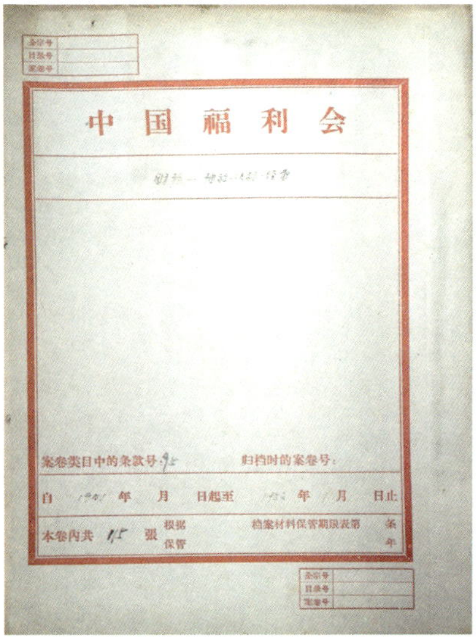

中国福利会档案卷宗封面

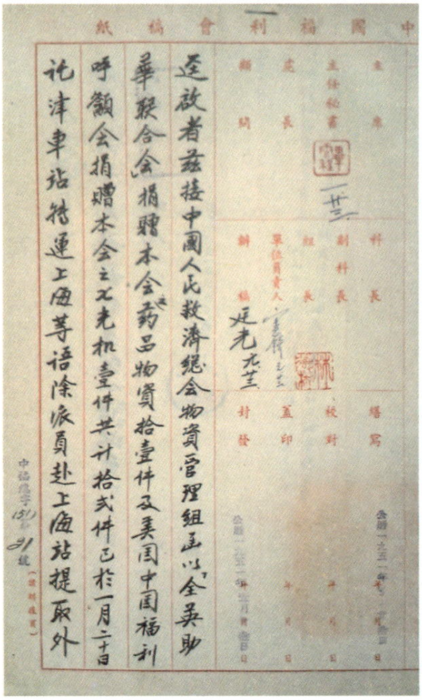

中國福利會稿紙

逕啟者：兹接中國人民救濟總會物資管理組函以全美助華聯合会捐贈本会药品物資拾壹件及美国中国福利呼籲会捐贈本会X光机壹件共计拾弍件已於一月二十日抵津車站轉運上海等语除派員赴上海站提取外

中国福利会会藏档案中当年接受捐赠的记载

1948 年 12 月，迫于美国政府的压力，美国援华会决定停止活动，这使宋庆龄领导的中国福利基金会失去了重要的援助。于是，艾培、邱茉莉与耿丽淑一起，联合原美国援华会的部分成员着手筹建一个新的组织，在中美人民之间重建友谊桥梁。1949 年 4 月，中国福利呼吁会在美国纽约正式成立，耿丽淑被推荐为董事会主席。

中国福利呼吁会通过举行聚餐会、家庭茶会、邮寄呼吁书等方式，介绍中国福利基金会负责支援的国际和平医院、儿童文化福利等项目的情况，开展募捐活动。同时，还举办东方市场进行义卖，筹集资金、医药物资、医用书籍。从 1949 年下半年到 1950 年，先后多次以中国友谊货船的名义，把募集到的医药物资，用船运到中国。

中国福利会档案记载：1949 年 9 月，一批小儿科医用器材从洛杉矶运抵山东济南国际和平医院。1950 年 1 月 25 日，一批医药物资、实验设备，包括显微镜、光学检验镜等由新泽西州运至天津。1950 年 3 月 20 日，一批医用物资，包括一架 X 光机、杀虫剂等由纽约运至中国。1950 年 4 月 19 日，旧金山捐赠的一批医用物资和图书运至天津。1950 年 6 月 7 日，芝加哥捐赠的 200 罗（12 打为 1 罗）牙科用具和 X 光片运至天津。1950 年 8 月 4 日，9 箱医用物资、书籍等由“火箭”号轮运至天津。1950 年 11 月，6 箱医用物品由旧金山运至天津。

1949年10月，中华人民共和国成立，美国政府拒绝承认，并对中华人民共和国实施军事和经济封锁。1950 年，朝鲜战争爆发，中国福利呼吁会的活动受到限制，艾培、邱茉莉与耿丽淑等人士因为倾向新中国而受到迫害，中国福利呼吁会的活动不得不停止。但是，就在这短短的两年时间里，成绩与贡献是惊人的，这也说明，艾培他们虽身处美国，心却与中国、与宋庆龄以及她领导的机构紧紧贴在一起，与宋庆龄始终并肩合作，共同奋战。

20. 五星红旗登上美国杂志封面

1949 年 10 月 1 日，中华人民共和国宣告诞生。当月，艾培在他担任主编的《聚焦远东》杂志 10 月号的封面上刊登了一面五星红旗，这是在美国刊出的第一面全彩的五星红旗图片，大标题为《建立中华人民共和国》。该期杂志的社论标题为《新中国诞生了》，还刊登了毛泽东在 1949 年 9 月 21 日第一届政治协商会议上的开幕词、宋庆龄的发言、刘少奇的发言以及政治协商会议共同纲领全文。这样大量、集中地刊用支持新中国的报道材料，在资本主义世界出版物中是相当大胆，也是独一无二的。

1949 年 10 月 1 日那天，艾培与邱茉莉一直守在收音机旁收听新中国开国大典的消息。他们听到了毛泽东在天安门城楼上宣告：中华人民共和国中央人民政府今天成立了！之后，在礼炮声中传来了《义勇军进行曲》的高昂曲调。听完广播后，为了庆祝，艾培拉着邱茉莉跑到纽约时代广场的一个录音棚里引吭高歌《义勇军进行曲》，并录制了一张唱片，作为他们庆祝新中国诞生的最好纪念。

《聚焦远东》杂志封面

《义勇军进行曲》唱片及封套

艾培说，自己第一次听到《义勇军进行曲》是1937年在天津。卢沟桥事变前的四个月，一个朋友约艾培出席天津基督教青年会的群众歌咏会，并向他介绍了刘良模。

艾培亲身参加了在天津体育场举行的群众歌咏会，感受到现场的群情激奋，采访了现场指挥并教了四小时歌的刘良模和参加学唱的爱国学生。这支歌曲，给他留下极其深刻的印象。现场的体验，也使他真切地感受到“中国人民被迫发出的最后吼声！”

因此，当1949年10月1日，新中国将这首歌定为国歌时，他无法压抑心中的喜悦与兴奋，他们夫妇俩决定用特殊的方式表示庆祝，是理所当然的。

他们还发起了对中华人民共和国承认、友好、贸易的签名运动。

当然，也因为艾培、邱茉莉的一系列行动，他们招来了美国政府的迫害与憎恨，被跟踪、盯梢，还要被递解出境。

这时候，艾培与邱茉莉下决心离开美国重返中国，而宋庆龄也向他们发出了邀请，邀请他们俩回到中国，一起创办如同当年“保盟”时期的对外刊物《保盟通讯》一样，但是更加正式，内容更加丰富的《中国建设》杂志。

21. 重返中国

艾培夫妇收到宋庆龄的邀请后，十分高兴。当时他们正受到美国政府的调查与迫害，遂于 1951 年春天返回了中国。

1951 年 8 月 8 日，宋庆龄向他们夫妇发出一封热情的任命函：

> 亲爱的朋友们：
>
> 这是一封欢迎你们成为中国福利会国际宣传部正式成员的信件。你们能成为我们的同事，我们再高兴不过了。期望我们能共同组成一个朝气蓬勃的部门，编写出生动、准确和意义深远的宣传材料，详细地介绍新中国的巨大进步。
>
> 我还要借此正式通知：你们已被分别任命为《中国建设》杂志的执行编辑和助理编辑。希望你们每周至少有三天，在我们大草厂 16 号的办公室为这本杂志工作。
>
> 致以最良好的祝愿。
>
> 你们十分诚挚的 宋庆龄

宋庆龄在方巾巷寓所

22. 参与创办《中国建设》

艾培一到北京，立刻投入了筹备工作。最早的杂志社编辑部人员很少，主要是陈翰笙、李伯悌和艾培与邱茉莉四人。当时没有办公室，《中国建设》创刊号的栏目架构等，还是在一个公园的长凳上讨论拟定的。

艾培不仅改稿，还经常撰写文章，而且要求记者和编辑直接用英文写稿、编稿，他说，这样既可逐渐提高作者、编者的英文水平，也能保证杂志的质量，可以避免杂志由中文翻译成英文时的那种“翻译味儿”。

艾培知识渊博，写作经验丰富，最难得的是他对中国历史和文化以及背景有着极深刻的了解和积累，文字修养深，编辑技术高超，有些稿件，往往经他点睛之笔稍作润色，就成了一篇极好的文章。

他作为资深新闻人，对杂志的编排、印刷以及铅字字

1976 年艾培在北京外文局的地震棚坚持写作

体的选择，照片的取舍、剪裁，美术品、工艺品的选择等，都体现出独到的见解。

特别是他对刊物、对对外宣传工作的责任心和热爱，使他对杂志投入了全部精力和心血。

1979 年 3 月起，根据胡耀邦的指示艾培担任了杂志的总编辑。

他工作很认真，即便是别人出书，请他写个序或前言，他也一丝不苟。他是个好好先生，很好说话，凡有朋友来求，一般都会答应。而且只要他答应了，就一定自己来写。如果是别人替他代拟后，让他签字，他不会答应。他认为不是他写的，就不是他的风格。所以，凡署名的文章他必须自己写才行。

回到新中国的艾培在《中国建设》杂志担任执行编辑

过去，中建社有一个评刊会，开始时定期，后来不定期，针对已发刊物的内容与质量，读者的反映等，一一给予认真分析与评论，哪篇好，哪篇不好，读者喜欢哪篇，不喜欢哪篇，都集中在会上谈，比较重视。艾培退居二线后，他依然坚持对杂志的稿件每期必看，看后还要提意见。他这个人，脑子里只有稿子，对人事与行政那套完全不懂，也不管，可是对稿件和文章，对杂志的质量他绝对重视，也很顶真。他对稿件的要求很高，对宋庆龄的忠诚，对中国的热爱，使他忍不住要发表意见，即使离休后他也不肯不管。他说，这是宋庆龄交下来的事。他认为，办好杂志，做好对外宣传工作，就是对宋庆龄的事业负责。

宋庆龄生前对艾培的工作很满意。1980 年 3 月 22 日，宋庆龄致信爱泼斯坦：

亲爱的艾培：

我刚读完我们的《中国建设》四月号，觉得它可读性很强，也很有教育意义。取得这样的成绩，是由于你和全社干部殚精竭虑去实现我们已故总理生前亲自表达的对我们的希望和指示。

杂志在各方面都编得很好。我想它可以成为

国外学校里外国文学课程的教材。历史细节真实，文字流畅，而且艺术性又这样高！

向你和同志们祝贺！

SCL

1980 年 3 月 22 日

她称杂志为“我们的《中国建设》”，还提及了“实现我们已故总理生前亲自表达的对我们的希望和指示”，字里行间，充满着自豪与欣慰。在高度赞扬艾培为《中国建设》杂志所作的努力之外，还表达了对他俩共同的朋友——周恩来的尊敬与怀念。

《中国建设》杂志，是宋庆龄创办的。对这份刊物，艾培十分热爱。不仅因为他经历了创办阶段，与它一同成长，更因为它是宋庆龄的事业。对宋庆龄的事业，艾培很上心。

杂志社的同志都说，艾培的责任感已经沁入到他的血液里。最典型的例子是，每期杂志付印前，负责校对的同志最怕的就是艾培看清样。因为谁都知道，任何稿子，只要经过他的手，没有不改动的，有时甚至改成了一张“大花脸”。特别是在最后阶段，任何改动都必将在印刷厂招来一大堆意见。可是大家又不得不承认，艾培改得有道理，有时甚至是避免了一个被疏忽的大问题。

1994 年艾培荣获“宋庆龄樟树奖”

艾培一直坚持杂志社的总编辑必须要懂英文，因为这是一份对外宣传的刊物。他认为熟悉外语与不会外语，在工作上的差别很大。比如张彦和孟纪青，都是艾培认为合适的总编辑。

曾经有一度，上级要把杂志社的西文版撤销，社里的同志们找到艾培，大家让他向上写信，保留住西文版。艾培毫不犹豫，马上向中央写信反映情况，后来终于把宋庆龄创办刊物的西文版保留下来了。

艾培自接受宋庆龄的邀请，重返中国参加《中国建设》

艾培获得第七届“宋庆龄樟树奖”的证书

杂志的筹办之后，勤勤恳恳为这份杂志工作了一辈子。从担任执行编辑，到总编、顾问，直至生命的终结。他认为，这是宋庆龄创办的事业，也是他自己的事业，是值得为之努力奋斗一辈子的事业。

他没有辜负宋庆龄的嘱托，不仅至死都关注着宋庆龄亲手创办的对外刊物，还关心着宋庆龄创办的机构的发展与壮大。从1988年后，他担任了中国福利会的副主席，参加一年一度的执行委员会会议，对每年的工作提出决策建议。对遇到的困难，积极出力，协调解决。

“宋庆龄樟树奖”奖章

1994年，艾培获得了“宋庆龄樟树奖”。他的确具有与宋庆龄一样的精神，也的确具有与樟树一样的品格。

艾培从不为自己个人的私事向领导开口，但是为了宋庆龄创办的事业发展，他给江泽民主席与朱镕基总理写信，给各相关部门的领导写信，还利用每年的政协会议以及总书记、总理每年节庆时前来探望慰问他时的宝贵机会，提出请求，要求对宋庆龄创办的机构与事业多给予支持和帮助。

朱镕基总理会见艾培

李鹏总理会见艾培

23. 宋庆龄赠的电饼铛

艾培的第二任妻子邱茉莉，在1938年时曾与陈翰笙夫妇在美国声援宋庆龄领导的保卫中国同盟，后来她又到香港，在宋庆龄担任名誉主席的中国工合国际委员会工作。香港沦陷后，她被日寇关进赤柱拘留营，后来与艾培等五人一起成功逃离，几经辗转到了重庆。她与艾培结婚后，继续支持帮助宋庆龄工作。新中国成立后，接受宋庆龄的邀请与艾培一起返回中国，参加了《中国建设》杂志的创办，担任助理编辑，后在中建社里做通联工作。邱茉莉与艾培除了是事业上的战友、伙伴外，她对艾培在生活上的照顾也很体贴入微，他们两人感情很好。

艾培、邱茉莉赠送给宋庆龄的瓷器

宋庆龄与艾培、邱茉莉的感情很深。相比较而言，在日常的交往中，宋庆龄与邱茉莉的往来更密切。艾培和邱茉莉经常收到宋庆龄送的东西，无论物品贵重与否，体现的都是宋庆龄的一份关怀与爱心。有时是从国外带回的一罐上好的爪哇咖啡、一个自控的电咖啡壶，有时是几只朝鲜大苹果、几瓶酒或一打鲜美的大闸蟹，有时是一双毛袜、一条领带、一块衣料、几条手绢……

1952年的五一节，是艾培与邱茉莉应宋庆龄的邀请返回中国的第一个劳动节，他们收到了宋庆龄送来的节日

1980年宋庆龄会见艾培与邱茉莉

礼物。这份礼物是宋庆龄的朋友送给她品尝的粽子，可是她马上想到了艾培夫妇，并立即送去。宋庆龄对邱茉莉说："在这里祝你和艾培五一节愉快！这些粽子是一位朋友专门为这个节日做的，因此你们一定要和我分享。"她还细心地关照："吃之前必须要煮 15 至 20 分钟。对了，而且要边喝咖啡边吃，这会使两者的味道都更好。"

艾培珍藏着一个电饼铛，是宋庆龄 1963 年五一节送给他们夫妻做早点用的。宋庆龄十分了解他们的生活与饮食习惯，知道他们早餐喜欢吃烙蛋奶饼。1963 年 5 月 3 日，宋庆龄在致艾培、邱茉莉的信中说："你们好吗？我又搬家了，新址在后海北沿 28 号。因为忙，没有时间给你们送去这个烙蛋奶饼的电饼铛。我知道你们会喜欢的。这是我专门为你们准备的。"

宋庆龄赠送给艾培和邱茉莉的电饼铛

在知道自己赠送的电饼铛已被艾培夫妇使用后，宋庆龄非常高兴，她于 1963 年 5 月 12 日又写信给邱茉莉说："我很高兴知道你在使用烙蛋奶饼的电饼铛，我希望你今天早晨又在享用这种蛋奶饼。"

用了 40 年的电饼铛如今捐给了中国福利会

这个电饼铛一直在艾培家里使用，1985 年我同艾培结婚以后也还一直在使用，用了 40 年。2005 年艾培去世后，我把它捐给了中国福利会。因为在赠送电饼铛的信中，宋庆龄还谈到了中国福利会即将庆祝 25 周年的事。她在信中说："尽管搬家和杂事和参加五一的节庆活动使我很疲惫。但仍希望在庆祝中国福利会成立 25 周年时能在这里见到你们。"我觉得，这个电饼铛不仅见证了宋庆龄与艾培一家的真挚情谊，而且还见证了艾培与邱茉莉追随宋庆龄，在她领导下，为中国革命，为中国人民的福祉努力奋斗的过程。

艾培是在宋庆龄领导的机构里从创建起就参加，并且工作时间最久的人。这个电饼铛，既是宋庆龄与艾培、邱茉莉友谊的象征，也是他们一起为共同的理想、为热爱的事业奋斗的象征。我希望中国福利会的后来人，通过这个特殊的物件，记住宋庆龄以及他们这一代曾经的奋斗历程与精神。

24. 最后一篇代拟稿

宋庆龄最后一次公开露面，是 1981 年 5 月 8 日在人民大会堂接受加拿大维多利亚大学授予她荣誉法学博士学位。此时，宋庆龄已经病重，但是她坚持抱病出席授赠典礼，并用流利的英语，亲自发表了 20 分钟讲话。这长达 20 分钟的答词，是请艾培为她代拟的。这也是艾培为宋庆龄代拟的最后一篇文稿。

说起此次授赠典礼，宋庆龄表示出了高度重视。1981 年 1 月 12 日，宋庆龄给艾培的信中第一次提到了加拿大多伦多一所大学想到上海向她授予博士学位。1981 年 2 月 5 日宋庆龄的信中又说，加拿大方面提出改到在北京举行授赠仪式。在 1981 年 2 月 23 日，宋庆龄恳求艾培为自己准备答词，因为她深知他此刻正忙于审阅杂志社的各种稿件，特别是《中国建设》的当期刊物马上要交付印刷。自 1979 年起，胡耀邦提出，在中国的对外宣传领域，要让懂得对外宣传并有经验的外国血统的人担任领导人，先做试点，然后推广。艾培作为试点的第一人，被任命为杂志社的总编辑，他身上的担子十分沉重。

所以，在信中，宋庆龄的口吻就像哄一个孩子：她说：“艾培你是个好同志，请你像好同志那样为我准备讲稿好吗？我相信埃尔西（即邱茉莉）也会帮忙的。”信中她还提出了希望在讲稿中包括的具体内容：“请首先强调中加友谊，以及世界和平的重要性。你更知道此时应该强调什么。我有病的手指写不清楚字，但是我知道你神奇的大脑能够看清我潦草的笔迹。我的健康仍然很差，他们叫我不要写字。”

对宋庆龄的要求，艾培自然十分重视。三天后，艾培便草就了答词。他告诉宋庆龄：“如果觉得太长，可做删节；如果需要加入其他内容，请告知，我再修改。”并希望宋庆龄的健康状况有所好转。

1981 年 3 月 4 日，宋庆龄致信艾培和邱茉莉，深深

1981 年宋庆龄出席加拿大维多利亚大学授予她荣誉法学博士学位仪式，这是她最后一次公开亮相

感谢他们寄来的讲稿。对收到的答词开头称呼的一个细节提出了斟酌意见，她说:“在讲话一开始，我该说‘同志们，朋友们’，还是把次序颠倒过来？还是干脆什么也不说？原谅我又麻烦你们了。希望你们都好……”

在请艾培拟稿的同时，宋庆龄还就仪式的答词向国际问题专家陈翰笙征求意见。3 月 5 日，宋庆龄又致信艾培，希望加进陈翰笙提出的一些建议意见。

艾培根据宋庆龄提供的陈翰笙的建议，查阅了相关资料并认真研究，努力将这些意见糅进答词，使这些参考资料与原来答词的风格一致。3 月 23 日，艾培将新的一稿又赶写出来。宋庆龄很满意，“你写的这些正是我在那一天要表达的确切的思想感情”。

宋庆龄十分在意这个授赠仪式，她甚至对答词的纸张也认真斟酌。她希望用质量较好的纸张，既符合她认为十分重要的仪式的需要，同时还要方便她在仪式上拿在手里宣读。因为此时她由于身体状况极差，很难控制拿着纸张的手，担心自己由于不适，手会不由自主地抖动。

为此，宋庆龄自己提供了一张质量较好的纸给艾培，但是还希望艾培能有质量更好的纸张。 她说“你能给我一份打在质量好些的纸上的打字稿吗？这会让我抖动的手拿起来容易一些。如果我附上的纸够好，就用这纸，否则为了这一历史性的文章，请设法找一张更好一点儿的纸”。

上述这封信，是围绕接受博士学位之事宋庆龄给艾培的最后一封信，也是艾培保留的宋庆龄给他的最后一封信。

从 1981 年 1 月到 5 月，围绕接受博士学位，以及如何准备答词，宋庆龄共与艾培有八封往来信件。可见宋庆龄对接受学位之事的高度重视。

在信中，宋庆龄将这份仪式上要致的答词，视作“历史性的文章”。这也是艾培为宋庆龄生前撰写的最后一篇“历史性的文章”。

25. 为宋庆龄守灵

宋庆龄因患白血病不幸于 1981 年 5 月 29 日逝世。作为宋庆龄的亲密战友，艾培获得了在 6 月 1 日为她守灵的特殊待遇。

就在这天晚上，艾培写了一篇短短的散文，题目是《为宋庆龄守灵后的感想》。在这篇文章里，艾培表达了自己在守灵的瞬间，在突然失去最敬爱与景仰之人时心中的真实感受与一幕幕回忆、他的怀念以及他的悲痛。后来这篇短文在很长一段时间里怎么也找不到了，所以一直没有机会刊登出来。这篇文章的的确确表达了艾培当时的心情以及宋庆龄这位伟大女性在他心中的最真实的形象。下面是这篇文章的中译文：

她安卧在花丛中仍像生前那样沉静。

她的沉静完全不是来自对现实的世界及其纷

1981 年 5 月 29 日晚，艾培赶到宋庆龄北京寓所作最后告别。右为廖承志

争的逃避。

在过去的70年中，没有哪一次重大的斗争她不是亲自参加的，没有哪一次重大的斗争她不以她的努力和勇气作出贡献。

在斗争中，她从不躲在别人背后。她总是勇敢地走在最前列，去帮助和保护别人——这已成了她的本能和习惯。

也许正是这种沉静——它来自一个战士对斗争胜利的信心，使她看起来并未受到衰老和疾病的摧残。

她已近90高龄，但看上去永远绽放着青春的柔和光辉，不论是在生前还是身后。

真的，她即使是在长眠中，看起来仍不过像是闭上眼睛作片刻休息。

她会重新睁开眼睛，再次用她那温和而清晰的声音讲话。再次用她那坚定而有力的双手写作，再次用她那果断的精神和高效的速度去斗争——更主要的是——去工作！

这种精神和速度作为她的个人作风，一直保持到生命的最后日子。

看到她安卧在花丛中，身上覆盖着红旗，我没有想到要对她说："安息吧！"我能说的只是："工作下去，战斗下去，无与伦比的同志。"

这是她肯定会做到的——在熟悉她的那些人心中，在今天六一儿童节前夕前来向她告别的千万儿童的心中，在尚未出生的许许多多孩子的心中，在未来无数代人的心中。

后来，艾培又写了一首诗《宋庆龄颂》，作为宋庆龄逝世三周年的纪念。他请诗人艾芜将其译成中文。1984年1月27日，在参加上海宋庆龄陵园的宋庆龄雕像揭幕仪式上，他朗诵了这首诗。下面是这首诗的中译文：

怀念你啊，已经三易星霜，
你以美、勇敢、坚贞，
为我们的时代增光。
艰难险阻中的一盏明灯，
胜利中的一部欢快乐章。

上海姑娘，
热情、沉静、闪闪发光，
你的成长多么不寻常。
受的是外国教育，却终生为的是祖国家乡，
选择的是斗争道路，
尽管在安乐中生长。
跟前线的战士们打成了一片，
共患难的则是地下的共产党，
你的一切都为了人民、革命、儿童、未来的希望，
当空是启明星的曙光。

谦虚，却受到全世界的敬仰，
优美，却永远不屈不挠，
温和，却像钢铁一样坚强。
比你的汉白玉雕像还要持久，
你那压制不住的精神力量，
纯洁、不知疲倦、无畏，始终一样，
点燃起新的、年轻的心，
为新的世纪增色生光。

上海姑娘、沉静、勇敢、坚贞、战士、纯洁、百折不挠，等等，是艾培歌颂宋庆龄时反复出现的词汇，也是宋庆龄在艾培心中难以磨灭的深刻印象。我想，在上面的文章和诗里，已经概括了艾培准备在宋庆龄传记中所要表达的全部内容了。

宋庆龄在香港抗日宣传画前

宋庆龄用旧布缝制的家居背心

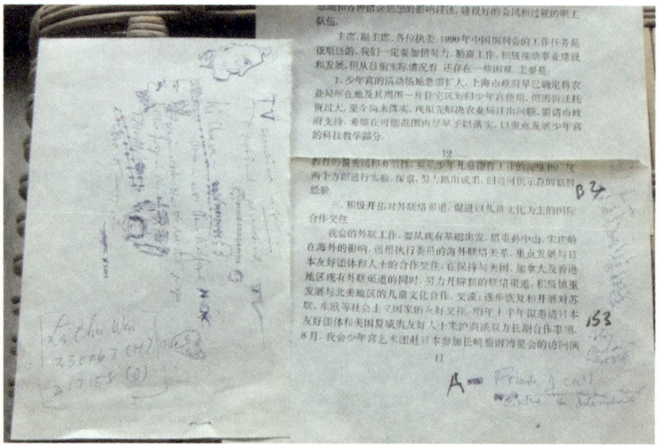

艾培利用废纸拟稿写作

宋庆龄补了又补的旧手绢

宋庆龄用旧毛线织的护膝

细细想来，艾培与宋庆龄有着很多共同之处。比如，对待不公正的抗争，对弱者的同情与支持，对新闻写作的敏感与热爱，对真实报道与宣传的重视……甚至他们在生活中的节俭习惯也很相同。例如，宋庆龄平时的居家服补了又补，连手绢都补了再用。她还习惯将用过的包扎礼物的绳子与包装纸积攒起来以备利用。而艾培写作时也喜欢利用看过的简报和废弃的文件的背面，继续使用。在长达40余年的交往过程中，他们从广州、香港、重庆到北京，他们有共同的革命工作经历与共同的朋友，最重要的是他们有着共同的价值观和理想与信念。他们都热爱和平、热爱生活、热爱中国、热爱中国人民、热爱对外宣传的事业，等等。

正因为如此，最终宋庆龄选择了艾培担当起为她写传的重任。艾培也不负嘱托，担起了这份重任。

三、我与爱泼斯坦

我是艾培的第三任妻子。

艾培与第一任妻子伊迪丝于1934年结婚

艾培的第一任妻子伊迪丝，是与他从小一起长大的犹太人，是他在天津时的同学与邻居。他们于1934年结婚，由于生活的目标不同，伊迪丝希望在美国过平静的生活，而艾培不愿意放弃记者生涯，执意留在中国，四处奔波，报道战争的情况。因此，尽管他们感情不错，最终还是友好地分手。但是，他们一直保持着很好的友谊。多年后，伊迪丝与宋庆龄也保持着通信联系，当她重返中国，故地重游时，宋庆龄还专门在北京寓所接待了伊迪丝夫妇。

艾培的第二任妻子就是英国人邱茉莉，他们是在共同的斗争与患难中相知相爱结为伴侣的。他们有着共同的人生追求，因此，虽然邱茉莉比艾培大九岁半，且身材要高出艾培一头多，看起来两人似乎并不般配，但他们真正是一对相濡以沫的恩爱夫妻。他们从1943年结婚，共同生活了41年，直至邱茉莉因患癌症，于1984年去世。

我是1985年与艾培结婚的，成为他的第三任妻子。有趣的是，我与他的前两任妻子不仅认识，关系还都不错。

艾培与第二任妻子邱茉莉于1943年结婚

艾培与黄浣碧于1985年结婚。这是艾培在婚礼上为黄浣碧戴头花

1980年伊迪丝夫妇（左二、右二）来华时，艾培、黄浣碧（右一）与其合影

更有趣的是，我还曾与她们一起照相，在同一个桌子上吃过饭。记得那是伊迪丝与她的美国丈夫来华旅游，我作为中建社专家办公室工作人员为他们安排相关事宜，并陪同一起聚餐。在与他们交往时，我看得出，他们两家相处得很融洽，来往也密切。我与艾培结婚后，也与伊迪丝夫妇保持着友好的来往。后来，伊迪丝患了癌症，艾培得知后十分焦急，第一时间让我代表他给她电汇去500美元。

今天想起来，我与艾培最终结为夫妻，也是一种缘分。

在到北京之前，我没有真正接触过外国人，而到了《中国建设》杂志社后，不仅见到了外国人，还与他们一同共事。我的工作职责除了为各文种部门聘请专家，办理出入境签证手续外，还要为外国专家做好服务工作，而艾培与他同在杂志社工作的妻子邱茉莉，也是我的服务对象。所以，他俩的情况，包括他家里的情况，我了如指掌。

艾培给我的最初印象是个老迟到，他性子很慢，好像永远不着急。在我的印象里，他满脑子都是稿子和文章，总是处于思考与写作中，对写作、对稿子很上心。生活琐事、身边杂事，他全然无兴趣，也不理会。他的生活自理能力很差。他为人很好，很善良，很厚道，很容易相处。

1950年代初艾培与中建社同仁合影

过去我们的工作时间是早上8:00 — 12:00，中午休息一个半小时，下午1:30 — 5:30。记得我在四楼办公，每天8点上班。艾培住在单位后面的宿舍，每天总是在9点左右，他才背着个大挎包慢吞吞地从宿舍方向走过来，而且看上去并不着急，不紧不慢的。大家说，艾培总是9点上班。后来，在与艾培生活在一起后我才知道，他习惯晚上写作，因为晚上注意力集中，干扰少。那时候，他经常利用每天晚上的时间，修改宋庆龄或社里的文稿，给宋庆龄写信或回信等等。

26. 中国长大的外国人

艾培是在中国长大的外国人。全名是伊斯雷尔·爱泼斯坦，可大家都喜欢叫他艾培，这是他的昵称，也是他的中文名字。既上口，又亲切。

艾培1915年4月20日生于波兰华沙，是犹太人，也是独生子，深受父母的喜爱。早年，有位医生预言说，艾培这孩子身体弱，活不过18岁，父母因此更加宠爱他，没想到他竟然活到了90岁。

艾培 14 岁时与母亲的合影

他父亲拉萨尔·爱泼斯坦是俄国社会民主工党“犹太劳动同盟”的骨干分子，曾代表“犹太劳动同盟”出席于1906 年在伦敦举行的俄罗斯社会民主工党第六次大会。母亲索尼娅也是该组织的成员。艾培的父亲因反对俄国沙皇坐过牢，他母亲 16 岁时因参加革命而被流放到西伯利亚。艾培的父母都曾被沙皇关押，出狱后他们结为夫妻。艾培的祖父和姑姑都是被希特勒法西斯杀害的。也许因此艾培骨子里就有着一股对侵略与压迫的天生反抗与憎恶，对受剥削与受欺压人民的天生同情。

艾培出生几个月后就随父母到了日本的神户，在那里生活了一年多。1917 年 3 月（俄历 2 月），沙皇被推翻。半年后，十月革命胜利了，他父亲兴奋地从神户赶回俄国去迎接新的社会，艾培则随母亲去哈尔滨等候父亲。但是当艾培父亲到哈尔滨接他们母子时，形势又变了。布尔什维克与犹太劳动同盟的关系越来越坏，成为不可联合的两派。因此，他们家只能留居在哈尔滨了。

在哈尔滨生活了两三年，艾培五岁时，父母带着他迁往天津市，定居下来。从此，艾培在那里读书、工作、成长。

马克思是艾培父亲崇拜的偶像，艾培从小就从家中挂着的马克思画像上认识了这位著名的大胡子。12 岁时，父亲就让他看了《共产党宣言》，尽管他当时看不懂。所以，艾培家庭的革命氛围，使他从小就对被压迫民族与被压迫人民满怀同情。

艾培一家租住在天津租界的一套公寓，他在家与父母讲俄语与英语。他就读的小学与中学是由美国人和英国人开办的，只收外国学生，用英语教学，不讲中文。因此，艾培虽然从小在中国成长，却失去了从正规渠道学习中文的机会。

艾培家境不富裕，他父亲每天为生计奔波，母亲操持家务。父亲憎恶民族压迫与民族歧视，多次告诉他，犹太人到处被欺负，受歧视，所以永远不要歧视别人、欺负别人。父亲教育他，不能说有损于中国人的话，不能做有损于中国人的事。父亲的思想深深影响了他。有一次，在租界里与艾培一起玩耍的几个外国孩子殴打一个混血的中国孩子，艾培毅然上去打抱不平。因此，他虽然从小生活在租界，但是丝毫没有沾染上殖民主义的恶习，也没有洋人那种在中国的优越感。

从 1920 至 1937 年，艾培一直在天津生活了 17 年。在那段日子里，他亲眼看到中国人民遭受的苦难与悲惨境遇。在他 12 岁那年，他在上学路上亲眼看见与他差不多年龄的孩子冻死在街边。他还亲眼看见码头工人在港口扛大包时不幸摔死。苦难的中国，悲惨的社会，深深震撼了他，直到他长大成人，他一直对被压迫民族与被压迫人民怀有深切的同情心，对中国劳动人民充满感情和热爱。

1935 年，爆发“一二·九”运动时，艾培从心底里支持。在抗战爆发后，他坚决地与中国人民站在一起，参加了宋庆龄领导的保卫中国同盟的义务工作。他一生贡献于中国的革命与建设事业。为了中国人民的革命事业，他加入了中国籍，还加入了中国共产党。直到他晚年时，他仍然关心生活在最底层的弱势群体和普通老百姓的疾苦，他支持社区为来北京打工人员组织的各种活动，并积极地参加文化辅导工作，义务为外来务工人员教授英语课。

艾培年轻时与父母的合影

27. 15 岁开始记者生涯

艾培历任我们中建社的执行编辑、总编、名誉总编，一直都是主抓业务的一把手。他的写作与编辑才能那是没话说，大家都打心眼里佩服。艾培说，他的记者生涯开始得很早，是在他 15 岁的那年。而他的办报经历还要更早些，是在他的学生时代，从编写学生刊物开始，到后来帮助父亲编写一份有关皮草商业的小报。

艾培的父亲在天津一家专做毛皮贸易的洋行工作，为了掌握和交流皮毛生意信息资料，他办了一张有关皮毛信息的英文商业小报《东方皮货贸易》，每月一期。父亲让儿子帮忙编写，主要是帮助那些不会写稿的小商人发表商业消息，同时对来稿进行修改润色。为了促使艾培增强工作责任心，父子间订立了合同，如能按时完成任务，父亲就发给儿子 12 个墨西哥鹰洋的“奖金”。

15 岁那年，艾培从天津文法学校毕业，就到报社应聘，正式开始记者生涯。他先在一家《俄文日报》任翻译和编辑，后来又到英文版《京津泰晤士报》任记者，同时还为《北平时事日报》写稿。艾培至今都认为，报社是一个好学校。他说，在报社工作，除了能学到各方面的知识和锻炼工作能力外，还能培养起对任何工作都必不可少的责任心和事业心。

1934 年的艾培

《京津泰晤士报》每天出 20 版，工作量之大可想而知。在这个报社工作的三年内，他除了采访、写稿外，也干校对、版式编排之类的辅助性工作。有时总编生了病，他还要担当主笔的角色，撰写重要栏目的文章甚至社论，这也锻炼了艾培。事实证明，这段经历为他日后负责编辑《保盟通讯》和《中国建设》奠定了扎实的基础。

报社每晚都要有人值班。在报纸印刷过程中，值班人员要独立解决随时出现的问题。艾培经常值夜班，有时就睡在办公室里，他和印刷、排字的工人们关系很好，工作之余，为了放松一下，他经常和他们一起喝茶、聊天，看他们斗蛐蛐，听他们开玩笑。报社的工人们都是中国人，他们并不大懂英文，但他们铸字、排版、改错却应付自如。特别令艾培敬佩的是，工人们竟然能看懂他在稿子改动处潦草的手写字体。

后来他离开《京津泰晤士报》，担任了美国合众社驻华记者，时常为斯诺创办的《民主》与《中国呼声》撰稿。

在艾培的很多照片中，他都是叼着烟斗，或手拿烟斗。抽烟，是艾培从年轻时就养成的习惯，主要是为了装成熟，因为他 15 岁开始工作，干的又是记者，唯恐被别人轻视。他认为抽烟斗，可以使人显得老成些，而并非他喜欢抽烟。所以他从不把烟吸进去，而是很快把烟吐出来。因此，他不买卷烟，家里只有烟丝和雪茄。

“文革”开始后，艾培被关进了监狱，戒了烟。快出狱时，他发现戒烟后自己的身体状况改善了，人也胖了。然而出狱后，随着工作的紧张与忙碌，他慢慢又开始抽烟了。

1985 年，艾培应西藏自治区邀请，赴西藏参加庆祝解放 20 周年纪念活动。同行的北京医院吴蔚然院长劝他戒烟。对他说，你的肺不好，不该吸烟。他听从了劝告，半年不到，他就渐渐把烟戒了，而且在各种场合里都积极宣传戒烟。

但是，他曾经用过的各式各样好几个烟斗，没有扔掉，我把它们集中起来，摆放在一个架子上，既当艺术品摆设，也是作为纪念。

1945 年在美国的艾培

在黄河边叼着烟的艾培

作为艺术品陈列并纪念的烟斗

28. 好友斯诺

艾培与宋庆龄的缘分始于斯诺。艾培常说，结识斯诺是他人生中的一个重要转折。他和斯诺也是一辈子的好朋友。

在艾培众多朋友中，斯诺是对他思想产生重大影响的人。斯诺让他从同情、支持中国革命到走上同中国人民共同奋斗的道路。同时，也是斯诺，让他结识了宋庆龄，还让他参加了搭救掩护邓颖超的行动。

艾培与斯诺相识于一本书。1933 年，艾培看到了斯诺写的一本书《远东战线》。书中鲜明的观点和流畅的文笔打动了他，于是他写了一篇书评，发表在一家英文报纸上。同时，主动登门拜访了斯诺。

当时，斯诺在燕京大学任教，而艾培住在天津，艾培便利用周末专程从天津到北平去登门拜访。在北平一个小四合院里的斯诺家，艾培认识了斯诺夫妇，一见如故，成为好友。尽管艾培比斯诺小整整 10 岁，但是他们志同道合。在斯诺家，艾培看见来访者中有不少燕京大学的教授，还有不常与西方记者接触的苏联《真理报》记者加特曼，以及热血沸腾的中国青年学生。

以后，一些北平的学生到南京抗议国民党政府推行的不抵抗政策，每逢在天津等候换车时，就会带着斯诺的信找到艾培，在他的住处作短暂休息。

斯诺访问延安后，艾培最先从斯诺那里听他讲述延安见闻，并看到了斯诺拍摄的很多照片。斯诺的《西行漫记》出版前，艾培就有幸在斯诺家看到了最初的手稿。斯诺生动地讲述在延安的情况，让艾培大开眼界，也感到震撼。他看到了一个崭新的世界，同时也萌生了要到延安采访的强烈愿望。

不久，发生了震惊世界的西安事变。在斯诺家，艾培读到了目睹这一事件的史沫特莱和詹姆斯·贝特兰给斯诺的信件，这对他也是很大的触动。艾培亲眼见到斯诺夫妇

1961 年艾培（前右）在瑞士出席会议后与斯诺（右二）、乔冠华（右一）、龚澎（左三）等合影

1960 年代艾培（中）与斯诺（左）、艾黎相聚于北京香山

以惊人的毅力工作着，一方面忙于撰写《红星照耀中国》一书和其他文章，一方面积极筹备在北平创办英文杂志《民主》。斯诺邀请艾培为该刊撰稿，并作为编辑部成员出席会议。

1937 年 7 月 7 日，卢沟桥事变，北平被日军占领。杂志的出版工作被迫停止，斯诺全力以赴投入到帮助爱国者和革命者离开日本敌占区的工作。同时，也毫不客气地请艾培协助他的工作，包括帮助并护送邓颖超离开敌占区，前往解放区。在斯诺的引荐下，艾培阅读了毛泽东、宋庆龄和鲁迅的文章，认识了史沫特莱等进步人士。从此，艾

1960 年代艾培与邱茉莉（左二）陪同宋庆龄、廖承志（左）会见斯诺（右）

2000 年 10 月 19 日，出席斯诺研讨会的部分人员合影。左起：邓广殷、陈燕、黄华、李湄、黄浣碧、艾培

培与爱国学生运动有了联系，他及时了解了正在发展的中国革命的真实情况，他为斯诺的刊物写了不少文章。

而宋庆龄正是通过斯诺，看到了艾培的文章，对艾培有了初步的了解与信任。

艾培与斯诺后来都为宋庆龄领导的机构做不同的工作，他们的友谊保持了一辈子。

29. 协助邓颖超脱险

艾培和蔼可亲，话语不多。他很乐于助人，但是做过的好事他从来不说。他曾在 1937 年冒着生命危险帮助并护送邓颖超一路乘船脱离险境，但是他却从未向人提及此事。甚至在“文革”时，艾培与邱茉莉分别被诬陷关进监狱，他也没有吐露半句，以此来证明自己与周总理夫妇的关系，更没有据此邀功。

这个故事，是 1973 年从邓颖超大姐那里说出来的，我也由此而对艾培更加尊敬。

1937 年卢沟桥事变爆发后不几天，因患肺病正在北平西山疗养的邓颖超化名李知凡太太急需离开疗养所去延安，斯诺便利用外国人的有利条件，偷偷带领邓颖超、张晓梅和王世英乘火车到了天津，然后让艾培负责为邓颖超一行三人购买去上海的船票，并一路护送。

当时，艾培并不知道被护送者的具体身份，只知道是“爱国者”，也就是抗日的，所以他很爽快地答应了。艾培安排她们一行住进小白楼地区犹太人常住的泰来饭店，然后去买到上海的船票。那时船票很紧张，即使外国人去购买都很困难。购票时对乘船者的盘查也很严。于是，艾培通过自己父亲一个生意上的关系人，设法买到了英国轮船公司的船票，并亲自护送邓颖超一行顺利通过了盘查，登船上路。开船后的第二天，收音机里传来了日军攻打上海的消息，船长宣布不去上海，经烟台后直驶香港，于是艾培便与邓颖超一行在烟台道别。

1944 年，艾培作为中外记者西北参观团的一员访问了延安，负责接待的正是当年受艾培掩护与邓颖超同行的王世英。他问艾培是不是当年在天津护送他们上船的？艾培一愣，认出眼前这位共产党干部正是当年陪同李太太的“教授”。王世英告诉了艾培当年被护送人的真实身份，以及后来发生的事。可是，艾培在以后的日子里从没向外人提及。包括解放后他曾在多种场合见到邓颖超，他始终

1944 年艾培在延安采访

都没有提到1937年与她一路同行离开天津的事。

1973年，在北京大学校园未名湖畔安放斯诺骨灰的仪式上，斯诺的故友们再次聚首，在这个特殊的场合，邓颖超与艾培又见面了，距上次在天津登船一路同行，已经过去36年了。这么多年中，中国与世界都发生了巨大的

1981年艾培采访邓颖超并与其在西花厅前合影

1985年4月20日，邓小平、邓颖超在人民大会堂向艾培祝贺70寿辰

变化，个人也经历了无数复杂的事件与变故。艾培此时刚从秦城监狱释放。但是两人相见，艾培什么都没提，只是淡然一笑。倒是邓颖超主动回忆，她说，我同艾培是老朋友了，并向大家讲述了当年那段历史，使在场的很多人知道了这个故事。

我想，那一次，邓颖超是有意在那样一个场合讲述这段经历的，因为那是一个非常特殊的历史时期——“文化大革命”期间，艾培自1968年被诬陷为美国特务被捕入狱达五年之久，此时刚被宣布无罪释放，不明真相的人还都对他另眼相看，避之不及。

1985年，在北京人民大会堂艾培70寿辰的庆祝会上，邓颖超在这个更大规模的范围旧事重提，艾培依然是淡淡一笑，他认为这不是什么了不起的大事。每当别人提起这个故事，他都会说，如果是你，也会这样做。这就是艾培，一个十分低调的人。

30. 实事求是的故事

艾培是一个好人，做过的好事，他从不张扬。不是自己的功劳，他更不会贪功。

有这么几件小事可以充分说明。

（1）否认为“保盟”起名

1977 年 4 月 25 日，宋庆龄写信给艾培，信中大大称赞了艾培在香港时期为解放区所做的工作，特别指出他为陈毅领导的新四军在困难时期提供的有力支持，并提到下一年将是保卫中国同盟成立 40 周年的纪念日，希望开一个纪念会，邀请艾培发言，讲讲他当年是怎样为保卫中国同盟取了这个名字的。

收到信后，艾培很快回信，感谢宋庆龄的来信，对宋庆龄信中所回忆的许多事深深感动，对提及自己曾做过的一点工作，表示很感激。他认为，自己曾经做过的工作，都是应该做的，没有什么可值得赞誉的。但是，他特别指出，有些贡献，不能归功于他。

比如保卫中国同盟的名字，艾培明确向宋庆龄说明，

“保盟”中央委员、新西兰记者詹姆斯·贝特兰

不是自己取的，因为自己是在“保盟”成立后不久才加入工作的。艾培在信中详细回忆了自己参加“保盟”的经过，说明自己到香港参加“保盟”工作时，“保盟”的名字早已有了。“所以说，我是早期工作人员中的一员，但我并不是创始人。如果真的是我想出这个名字，我很自豪。但是如果不是我，我不想得到应该属于别人的殊荣”。

（2）强调贝特兰的功劳

现在经常用于介绍“保盟”早期领导人或创始人的一张照片上一共是七人：宋庆龄、廖承志、廖梦醒、克拉克、法朗士、邓文钊和爱泼斯坦。目前，一般人也认为“保盟”的中央委员只有这七位。

后来，在艾培提笔记叙“保盟”成立过程的时候，特别是在撰写纪念“保盟”成立40周年的文章时，经过查证和了解当时的经过，他再次清楚地表述了“保盟”最初成立的真实情况。特别提及了詹姆斯·贝特兰的作用与功劳，他说明，詹姆斯·贝特兰是比他还先期投身“保盟”筹备工作的中央委员，因为接受宋庆龄的委派，远赴美国与加拿大筹款，故而没有出现在被广泛使用的那张早期“保盟”中央委员的照片上，他强调了贝特兰的功绩，证明贝特兰最早参与组织并发挥了非常重要的作用。

虽然艾培是编辑《保盟通讯》英文版这份刊物的主要工作者，虽然当年参加编辑《保盟通讯》的人几乎都已作古，但是，在50年后，重新汇编《保盟通讯》时，艾培依然明确表示，自己参加工作的是其中的一部分而非全部，第18至23期因为自己不在香港而没有参加编辑工作。他明确地列出了具体承担编辑工作的人员名单：先后参加《保盟通讯》英文版编辑工作的有约翰·利宁、詹姆斯·贝特兰等人。中文版编辑为邹韬奋、金仲华等。

他指出，他自己的确编辑过许多期《保盟通讯》，但是皖南事变发生时，自己去了重庆，并不在香港，那段时间在香港编辑《保盟通讯》的人是詹姆斯·贝特兰。同时，

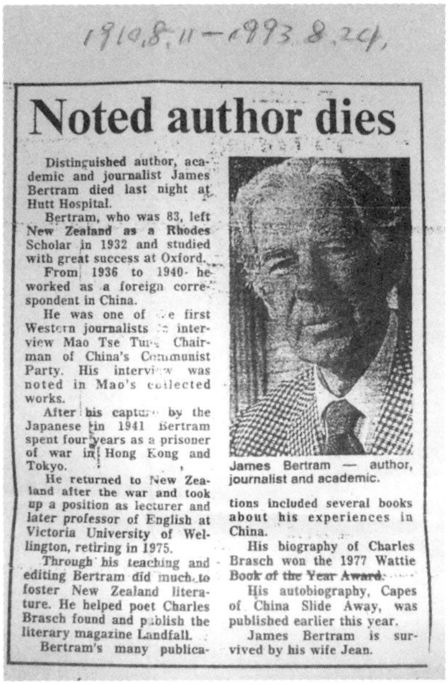
1910.8.11—1993.8.24.

Noted author dies

Distinguished author, academic and journalist James Bertram died last night at Hutt Hospital.

Bertram, who was 83, left New Zealand as a Rhodes Scholar in 1932 and studied with great success at Oxford.

From 1936 to 1940 he worked as a foreign correspondent in China.

He was one of the first Western journalists to interview Mao Tse Tung, Chairman of China's Communist Party. His interview was noted in Mao's collected works.

After his capture by the Japanese in 1941 Bertram spent four years as a prisoner of war in Hong Kong and Tokyo.

He returned to New Zealand after the war and took up a position as lecturer and later professor of English at Victoria University of Wellington, retiring in 1975.

Through his teaching and editing Bertram did much to foster New Zealand literature. He helped poet Charles Brasch found and publish the literary magazine Landfall.

Bertram's many publications included several books about his experiences in China.

His biography of Charles Brasch won the 1977 Wattie Book of the Year Award.

His autobiography, Capes of China Slide Away, was published earlier this year.

James Bertram is survived by his wife Jean.

James Bertram — author, journalist and academic.

艾培珍藏的1993年刊登于新西兰报纸的贝特兰逝世的简报

为了揭露皖南事变的真相，还由廖承志、金仲华等人撰稿，出版了一个中文版。“我能被提到的，顶多也只是我参与了《保盟通讯》这个媒体，后来成为及时报道真相的工具”。

《保盟通讯》中文版负责人邹韬奋

“保盟”中央委员、《保盟通讯》中文版负责人金仲华

（3）登报纠正

1985年4月，英文版的《中国日报》上刊登了一篇由艾培写的读者来信，标题是“这是不真实的”。这封信其实就是一则更正启事。原来，新闻媒体在报道庆祝爱泼斯坦70寿辰时，《中国日报》的报道中有一段讲述说斯诺与爱泼斯坦曾共同写了许多关于中国的报道。文章发表后，艾培看了，认为这不是事实，于是他认真地写了一封读者来信加以纠正。他写道：“我感谢《中国日报》就我70寿辰所作的很好的报道。然而，最后两行说埃德加·斯诺和我两人共同写了很多关于中国革命的报道，这是不太准确的。我们两人的确彼此非常熟悉，而且1937年在北京出版的《民主》杂志共过事。但是，我们从来没有合写过什么东西，总是分开写的，他写得比我好。以上只是为了说明一个事实。”这在一般人眼中算不了什么事的事，艾培如此认真地专门登报予以更正，足以显示他的实事求是与认真。特别值得一提的是，他在更正中强调了斯诺的能力与水平，“他写得比我好”。

这些点滴细节，反映了艾培的人品。艾培是位实事求是的人，尤其是对待新闻报道及文字、文章极其认真、严肃。他决不允许失实，不会夸大其词，也不会贪功，更不会歪曲、编造，尤其是对撰写传记这类题材，绝对是一丝不苟。这大约也正是宋庆龄选中他为自己写传很重要的一点。

而宋庆龄自20世纪20年代起，也就是孙中山去世之后，一直为外界的诽谤、中伤，特别是媒体的不负责任的乱写弄得筋疲力尽，甚至连她多年信赖的好友斯诺在写书时，都免不了凭想象描写，令宋庆龄大伤脑筋。宋庆龄非常了解艾培的人品与作风，相信由艾培写传，一定会实事求是，严谨小心，绝不会杜撰。

31. 选择做中国人

我特别佩服艾培的一点是，他比一些中国人还热爱中国，是一个有着外国血统的中国人。

艾培是家里的独生子，他父母都在美国，父母当然很希望与他生活在一起。他深爱着自己的父母，可是却选择定居在中国，并于 1957 年就加入了中国籍。我们经常问艾培，为什么不到国外去？他说，留在中国是我的选择，我爱中国，我爱中国人民，我不会以离开中国作为一种出路。

艾培自出生之后，一直没有国籍。在日本入侵中国时，艾培的父母离开中国定居美国，那时父母就希望独生子一起去。但是身为记者的他，出于对事业的追求和对中国人民的感情，一个人留了下来。当年，在天津塘沽码头送父母上船时，他看到满载着日本兵的登陆艇正在靠岸，心里暗暗想，我要看着你们滚蛋的一天！他在中国人民顽强抗战的时候，毅然留下，为抗战工作，并义务参加了宋庆龄领导的“保盟”的宣传工作。抗战胜利后，为了写书，他与妻子邱茉莉经印度和英国去了美国。因为在当时蒋介石统治的中国，他写的东西无法畅通地对外发表。在美国期间，他并没有加入美国籍，而是依然没有放弃中国和中国革命，他关心支持宋庆龄领导的机构的工作，为宣传与支持新中国做了很多工作。为此，还受到了美国联邦调查局的监视与跟踪。

新中国诞生后，宋庆龄邀请他和邱茉莉回来协助创办面向西方宣传新中国的对外刊物《中国建设》，他们立即返回，从此他倾注了全部心血，并做出了他的最后决定，加入中国籍，加入中国共产党。

“文革”中，他与邱茉莉受诬陷分别被关进监狱长达五年，其间年迈的母亲因病去世，他都无法赴美送母亲最后一程。可他出狱后毫无怨言。1980 年代初，中国出现出国潮，与国外没有任何关系的中国人想方设法出国定居，

艾培在长城留影

可他依然留在中国，最终长眠在中国。我选择了一句他生前最喜欢说的话镌刻在他的墓碑上："我爱中国，我爱中国人民。"我认为这是他的真实写照。

从艾培所走过的路不难看出，他自幼年起接触中国，观察中国，认识中国，了解中国，到成年后的同情中国，帮助中国，热爱中国。他从事新闻工作以后，介绍的是中国，宣传的是中国，他写作的主题全是中国，研究的也是中国。毫不夸张地说，他对中国的关心、热爱与研究远远超过了许多土生土长的中国人。

32. 坚定的理想与信念

一个人的人品，往往在关键时刻最能体现。艾培与邱茉莉对中国的热爱之情，即使在遭受了巨大委屈后都不会改变。这一点，是我十分看重的品质，也是他很打动我的一点。

艾培对毛主席的感情比起一般人更深。他早年在延安采访过毛主席，毛主席送给他的肖像他一直高高挂在自己的家中，即使到美国的那几年里也是随身携带。他也是《毛泽东选集》翻译组的成员，在翻译过程中还受到过毛主席的接见。因此，“文革”初期，艾培和邱茉莉如同亿万中国人民一样，紧跟毛主席，投身史无前例的“文化大革命”之中，而且是全心全意地投入。

1944 年毛泽东签名并赠给艾培的石版肖像画是艾培的宝贝

没想到，1968 年，在“文化大革命”中，艾培与邱茉莉分别被捕，罪名是“暗藏的国际间谍”。数年中，夫妻俩不知彼此竟在同一个监狱。

在最初的四个月里，艾培十分难挨，难过的原因不是被冤枉，主要是剥夺了他接触文字的机会。他长期以来养成的看书看报习惯一下子被打破了，就连写交代材料的纸和笔，在规定的时间里也必须如数上交，这使他难以适应。四个月后，他可以看到的读物是《人民日报》，后来可以看到《毛泽东选集》，再后来可以看到《红旗》杂志。起初，看完后有人收走，后来才可以留下来。

毛泽东所赠肖像始终高挂在家中

作为重要犯人，艾培被单独关押，不仅独居一室，连放风也是单独的。但他不悲观，不消沉，他坚定地认为，乌云总会散去，阳光终将普照。因此，他在被单独关押期间，坚持打太极拳，锻炼身体。

为了争取一个较大的活动空间，并能得到与人交流的机会，他提出教别人英文或俄文，结果遭到拒绝。为了不使自己的脑子停滞，他开始用脑子“读书”。他大段大段地回忆他曾读过的好书的章节，甚至竟用了两周时间想中学时的数学题——解方程。有时他回忆有趣的笑话，想着想着，便哈哈大笑起来。

监狱的五年，艾培不断地被要求交代罪行，他很坦然，认为自己没有做过任何有损于国家的事，更不要说什么“间谍活动”了。他充分相信，强加给他的罪名，迟早会搞清楚的。但是需要等多久，他并不知道。他写下和交代的，只有自己的经历与个人历史。具有讽刺意义的是，正是这些交代材料，成为他日后撰写回忆录的宝贵参考材料，因为“文革”后这些材料全部都退还给他了。

在长达五年的冤狱之后，他依然保持乐观，从来没有过半句怨言，这在中国人身上都不多见，更不要说一个加入中国籍的外国血统的人。

1973 年 3 月 8 日，庆祝国际妇女节茶话会在人民大会堂举行时，周恩来总理出席了，他向刚出狱的艾培、邱茉莉以及其他许多遭受冤枉的友人表示慰问和道歉。那天，我也陪同他们去了，在总理向他们道歉时，我听见艾培对周总理说，我也有错。周总理说，今天只说我们的错。

“文化大革命”开始时，艾培与邱茉莉全身心地投入，图为他们参加在天安门集体朗读毛主席语录活动

人民日报

1973年3月9日 星期五

毛主席语录

中联部外交部为庆祝“三八”国际劳动妇女节举行茶会

招待在京女专家、专家夫人等

来自世界五大洲四十个国家和地区的二百多位朋友应邀出席 周恩来江青张春桥姚文元王洪文耿飚蔡畅康克清乔冠华等出席 周总理讲话强调说，我国妇女和全国人民一定要全面贯彻执行毛主席的教导，彻底肃清大国沙文主义，积极扩大同各国朋友的友好往来，互相帮助，互相学习，一起干革命

经过文化大革命的锻炼和各级党组织的积极培养

我国少数民族妇女干部迅速成长

她们在各级领导岗位上认真看书学习，密切联系群众，在三大革命运动中作出了贡献

艾培藏1973年3月9日《人民日报》，上面刊有三八妇女节活动消息

艾培不止一次地对我说，他由衷地感谢周总理。他说，他很明白，是敬爱的周总理为保护他尽了最大努力。在我与艾培结婚后生活在一起的日子里，我从没有听见他抱怨过中国共产党，也没有听见他抱怨过国家。

因为他有着坚定的理想与信念，所以当考验突然降临时，他才能始终保持坦然、乐观的心态。我很敬重艾培的人品，他的高贵人品是最打动我的，这也是后来我愿意与他结为夫妻的很重要的一点。

33. 周总理的讲话稿

我与艾培有很多共同点，其中一点就是我们对周总理怀有深厚的情感，我们对他无比崇敬与热爱。

周总理是我从小就敬仰的具有神奇色彩的人，早在我读书时就听到人们称赞周恩来的种种优良品德。在大家传颂的诸多故事中，有一点令我记忆深刻，就是说周总理有惊人的记忆力，有过目不忘的本事，凡是他见过的人，下次见面，一定能够叫出其名字，而绝不会忘记或搞错，因而我特别崇拜他。没想到我日后会在北京当面见到他，聆听他讲话，并与之合影。

在我来到中建社工作后，我直接感受到了周总理对《中国建设》这份杂志的关心以及他的人格魅力。

周总理非常关心我们《中国建设》杂志，曾多次为杂

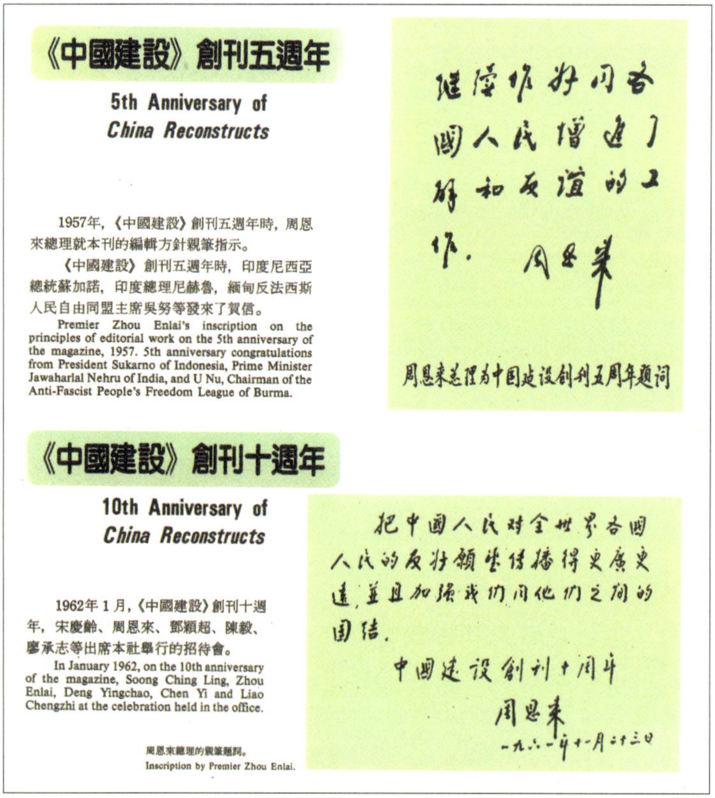
《中國建設》創刊五週年

5th Anniversary of
China Reconstructs

1957年，《中國建設》創刊五週年時，周恩來總理就本刊的編輯方針親筆指示。

《中國建設》創刊五週年時，印度尼西亞總統蘇加諾，印度總理尼赫魯，緬甸反法西斯人民自由同盟主席吳努等發來了賀信。

Premier Zhou Enlai's inscription on the principles of editorial work on the 5th anniversary of the magazine, 1957. 5th anniversary congratulations from President Sukarno of Indonesia, Prime Minister Jawaharlal Nehru of India, and U Nu, Chairman of the Anti-Fascist People's Freedom League of Burma.

继续作好向各国人民增进了解和友谊的工作。周恩来

周恩来总理为中国建设创刊五周年题词

《中國建設》創刊十週年

10th Anniversary of
China Reconstructs

1962年1月，《中國建設》創刊十週年，宋慶齡、周恩來、鄧穎超、陳毅、廖承志等出席本社舉行的招待會。

In January 1962, on the 10th anniversary of the magazine, Soong Ching Ling, Zhou Enlai, Deng Yingchao, Chen Yi and Liao Chengzhi at the celebration held in the office.

把中国人民对全世界各国人民的友好愿望传播得更广更远，并且加强我们同他们之间的团结。

中国建设创刊十周年

周恩来

一九六二年一月二十三日

周恩來總理的親筆題詞。

Inscription by Premier Zhou Enlai.

周总理为《中国建设》创刊五周年、十周年的题词

周恩来、陈毅等领导在中建社社长金仲华（前）陪同下参观《中国建设》创刊十周年图片展

志做指示并题词。在我社创刊五周年时，周总理的题词是：“继续做好同各国人民增进了解和友谊的工作。”在我社创刊十周年时的题词是：“把中国人民对全世界各国人民的友好愿望传播得更广更远，并且加强我们同他们之间的团结。”

周恩来总理反复对我们强调，一定要坚持非官方这个原则，他告诫我们，一定要明确，《中国建设》是孙夫人出版的杂志，不是官方喉舌，不要唱高调，杂志一定要符合宋庆龄的语言与风格，政治性不要强，颜色不要红，西方才能接受。

周总理还告诫我们：要内外有别，对内宣传与对外宣传要有区别。要和《北京周报》有个分工，这样读者才能接受。关于这方面的问题，不仅周总理反复叮嘱，陈毅和廖承志也多次强调，要求我们报道新中国各方面真实的信息，反映人民生活和经济、文化、教育成就等等就行了，调子千万不要高。要坚持自己的风格与特色，也就是宋庆

周恩来、陈毅等领导人举杯庆贺中建社成立十周年

龄的风格与特色。陈毅曾给杂志题词“事实胜于雄辩”，就是让我们用事实来讲话。

我与周总理的直接接触，印象最深的有两次。一次是中建社十周年社庆活动，周总理来到社里，我因为具体承担接待与签到工作，在临时贵宾室近距离地见到了周总理。在领导们准备离开杂志社时，是周总理提出，大家与宋主席一起合个影吧，于是我们这些年轻的普通工作人员得以与宋庆龄、周总理等亲热地围在一起合了影。那一次，我还幸运地与孙夫人有一张单独的合影。

第二次见到周总理，与艾培有关。那是 1973 年的三八妇女节，我陪同社里的外国专家出席三八妇女节纪念活动，我就坐在艾培旁边。

1973 年的三八妇女节活动与以往不同。其一是，过去每逢三八妇女节都有纪念会，但是一般周总理是不出席的。而此次纪念会，不但周总理出席了，而且发表了长篇讲话。其二是，此次纪念会不仅邀请了外国女专家，也邀请了外国男专家，同时还邀请了外国专家的配偶出席。其三是，那天的纪念会，事后也见了报，但是只报了会议的时间、地点以及出席会议的主要领导及嘉宾名单，也有照片。而周总理讲话的内容却没有见报，特别是其核心内容一字未提，因此我记忆十分深刻。

那次，我与艾培和邱茉莉同坐在一桌，我们一起聆听了周总理的长篇讲话。周总理讲话的重点，是回顾了“文革”以来外国专家在华的情况。令我印象深刻的是，周总理代表中国政府向受到冲击与不公正对待的外国专家道歉，指出爱泼斯坦与李敦白不一样。特别指出，要把英共创始人之一史密斯请回来。在周总理明确要把史密斯请回来的讲话之后，史密斯回到了新华社。

在发表了长篇讲话后，只见周总理一个人举着酒杯，走向一桌一桌的外国专家，向专家及他们的配偶碰杯、道歉，江青等人则留在原地没有动。

我亲眼见周总理举杯健步走到我们这桌，走到艾培面前，与他碰杯，艾培也起身举杯对着周总理，他说，我也有错。周总理说，今天只讲我们的错。然后很豪爽地一碰杯，说“继续奋斗”。这个场景今天依然清晰地印在我的脑海中。后来，听艾培说，他感谢周总理，他心里非常明白，是周总理保护了他。

原来，在艾培关押期间，斯诺曾在来华访问时向毛主席询问过有关艾培被捕的事，同时也向周总理打听了艾培的情况。周总理曾答应说，艾培很快就会被释放的。此时，艾培的父亲从国外的报纸上也看到了艾培被关的消息，就写信给周总理，说明因为艾培的母亲已经年迈且病危，突然失去了与儿子的联系，心里十分不安。为了安慰病重的妻子，艾培父亲只能隔一段时间就拿出艾培过去写的信读一篇。幸亏艾培母亲已病得视线模糊，只能靠耳朵听人读信，因此任凭艾培父亲读什么是什么。艾培的父亲希望能让艾培母子见上最后一面。同时，艾培的父亲在信中特别恳求周总理，千万不能将自己给周总理写信的事泄露给艾培知道。他太了解自己的儿子，绝不会同意自己给总理写信，如果知道了，一定会十分生气，甚至宁死都不原谅父亲的做法。

在周总理的关心下，艾培在狱中收到了父亲的来信，并被允许与父亲通信，还委托我们社将他的工资兑换成1000美元给他母亲寄去了。遗憾的是，他的母亲临终前仍没能见到艾培，但是艾培还是打心底里感谢周总理。

最近，在整理房间时，我无意间在艾培保存的一堆旧资料中发现了由他珍藏的一份周总理在那次会上的讲话稿，是一份英文讲话稿。他怎么会有周总理这份讲话的英文稿？是他根据记忆回来打印的，还是有人给他的？这是一个谜。这事，在艾培生前我从未听他讲起过。有意思的是，我也珍藏着一份那次会上周总理的中文讲话稿。在艾培生前，我也从未对他讲起过。如今看着这两份讲话稿，我心里有种说不出来的滋味。我和艾培的心是相通的，而且周总理在我们的心中都有非常重要的位置。

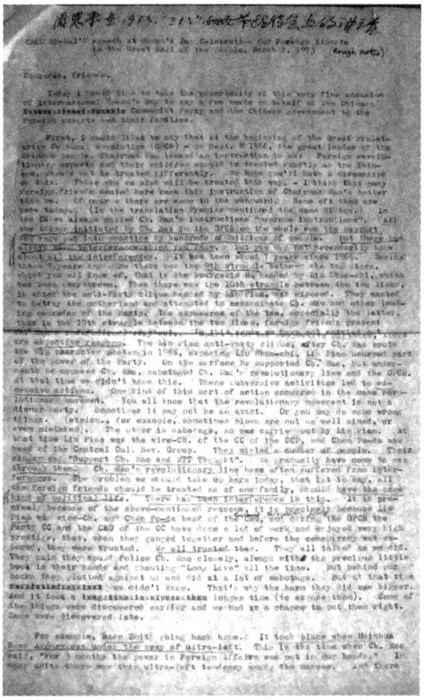

艾培珍藏的周总理在1973年三八妇女节招待会上的讲话英文稿

34. 山西为媒

艾培与邱茉莉是我们杂志社有名的恩爱夫妻，虽然这对夫妻看上去有些奇特——艾培比妻子矮很多，也年轻九岁多。他们俩在一起跳舞时尤其滑稽，但是他们特别恩爱，邱茉莉对艾培的生活起居照顾得很细致、很周到，同时也担当了为艾培打文稿与信件的任务。艾培对邱茉莉很信任，也很依赖。

由于我长期在办公室工作，所以我与艾培与邱茉莉一家，互相对彼此的为人、性格、秉性都十分了解，非常熟悉，也非常信任。几十年来，他的很多家务杂事都是交由我出面直接办理的。在长期的交往中，我们相处得一直很好。当他家里遇到了什么难事和杂事时，总会放心地交给我去帮助打理。有什么为难的事，也不回避我，对我都交底，很贴心。

艾培生活自理能力很差，长期以来都是由邱茉莉主持家务，还有保姆帮忙。邱茉莉于1980年起患上癌症，经

1950年代艾培与邱茉莉在北京

过长期的治疗后，又复发，于 1984 年去世了。

自从邱茉莉患病开始，艾培的生活就乱了套。艾培是个事业心很强的人，写作是他的生命，他不会因为任何家庭杂事或其他无关的事务而停止写作与采访等工作脚步，从不愿也不可能停下，更不会放弃。而那段时间，也正是他身上工作担子不断加重的关键时刻。

1983 年，年近 70 的艾培向社里提出，希望有人帮忙处理一下中文信件以及与外单位电话联系等文秘工作。从道理上讲，我们的确应该很好地照顾他，为他分忧。但是，找一个合适的人的确很困难。

于是，我出面帮助寻找合适的人到他家去工作。最先想到的是找外语流利的同志。但是，当时英文好的人大多不愿意到他家里去工作。我想想也是，英文好的都是大知识分子，自视有些身价，谁愿意到他家里去干些上不了台面、又出不了成绩的杂务与琐碎的事呢？好不容易找到外专局，有一位 40 岁的同志表示愿意去帮忙。一个周六，他去艾培家看了一些来信，聊了聊，艾培让他拟写几封中文回信的草稿，让他下周一上班后将拟稿读给艾培听，没有意见的话再把它誊写寄出。结果到了周一，这位同志就给我来电话说干不了。后来，又有位小刘同志去帮忙，答应每周去两到三个半天，去了两周以后也表示不干了。

在当时，政治观点相同，能帮助他、支持他的外国人很少。而在中国人里，英语好的又不太愿意照顾他的生活起居与杂事。

就这样，他有困难时，我就去帮忙，临时应付一阵子。短时间里，一下子还真找不到根本解决问题的办法。

转眼到了 1985 年。

那一年，艾培应山西日报社之邀，沿着他抗战时采访之路重访山西，我与社里的摄影记者张水澄一路陪同。有一天，访问结束后，我与艾培闲聊，他问起我对今后的生活有什么打算。

此时，距我丈夫因突发心肌梗塞去世已将近十年了，

1985年重访山西时艾培（中）和黄浣碧（后排右一）与当地孩子们合影

我们的一双儿女也已经长大成年。在我儿女小的时候，虽然艰苦，但是我不愿再组家庭，就怕对儿女不利。现在儿女大了，是可以考虑再找个老伴了，但是，我也不愿随便找一个，我也有我找另一半的标准。我的标准就是，既要有文化有知识，还不能看轻我。

我有一个邻居，他对我的情况比较了解。他有个叔叔在香港教书，孤身一人，年龄与我也相仿，于是他介绍我与他的叔叔交往，并且说，如果将来结婚了，我肯去香港生活就最好，否则的话，他叔叔也可以来北京生活。当时我正在考虑此事。

听到艾培的问话后，我就对他说了这个事，并说我正在考虑。艾培马上说，“去那里干嘛？别去了。”并且含蓄地表示希望能与我在一起共同生活。

这以后，艾培又多次与我谈论这个话题。起初，我并未当回事。后来，艾培总让我到他房间为他读文件，拟写中文便条。我猜想，他这大约是在考验我的水平是否合格？

次数多了，我也就认真地考虑了。

对艾培这个人，我是很了解的，特别是他的为人和品德，令我十分钦佩也十分欣赏。他的脾气出奇的好，为人善良、厚道，从没见过他发脾气或与人争吵，他也从不说任何人的缺点，更不会在背后讲人坏话。他与任何人都能很好相处，很和蔼，很乐观，很幽默与风趣，也很会尊重人、体贴人。我从心眼里想帮助他，希望他生活得幸福。

我也知道他的世界观和政治立场比较左，他如果再要找一个像邱茉莉这样的人实在是不容易的。

但是我也有顾虑，担心自己与艾培不般配，主要是在英文和写作方面与他差距太大，怕帮不了他。

为此，我专门咨询了我们总编室的主任周兰。我说我不会英文，两人怎么相处？她反问我，“艾培是找老婆还是找干部？如果是找老婆，你就合适”。周主任鼓励我，还帮我做通我儿女的工作。

的确，我与艾培是有很多一致的地方和共同点，比如我们都热爱中国。我家是华侨，早年，我爷爷就是美国的中国劳工。我的父母家人都离开中国到了美国，希望我也离开中国，但是我坚决不走，当我父母让我姑姑带走我的大妹妹时，我非但不让姑姑把妹妹带走，还劝说我的大妹妹也留在国内。当年，为了我与妹妹留在中国，我还得罪了我的父母，我与父母之间曾经一度多年不来往，也不联系。

艾培虽不在中国出生，但是自小生长在中国，喜欢中

1989 年 12 月黄浣碧祭奠前夫，艾培陪同并摄影

国，热爱中国，不愿离开中国。他的父母都在美国，但是他宁愿没有国籍，也不愿加入美国籍。他在中国，生活战斗工作了一辈子，坚决加入中国籍，加入中国共产党。在热爱中国这一点上，我们是一致的。

我们的政治观点也一致，都是中国共产党员，都愿意为共产主义奋斗终生。他作为一个非中国血统的人，如此热爱中国，热爱中国人民，为了中国人民的事业，奋斗了一辈子，甚至在“文革”中被迫害关进监狱，在经历了五年牢狱生活后，他也没有说过一句抱怨的话。他的信念与理想是坚定的，我很敬佩他。

我们也都热爱宋庆龄，热爱她创办的杂志和对外宣传事业。在长期的共事与相处中，我们彼此十分了解。另外，我对艾培一家的事情都很清楚，也都熟悉。

我知道他的生活自理能力很差，满脑子就是稿子和写作。我更清楚，他承诺宋庆龄写传的任务尚未完成，这是他很大的一个心结。现在他遇到了困难，特别是生活上的困难，着急得很，希望有人帮助他。对这样一个好人，我不忍心置之不理，我愿意帮助他，为他分忧，也愿意与他一起携手走完人生的最后一站。

1992 年艾培与黄浣碧在美国祭扫艾培父母的墓

说起我与艾培的缘分来，还真是有。

我父母与艾培早在我们结婚前就在美国见了面，也就是说，在我们尚未结婚前，艾培早已先见过了我的父母和妹妹。所以说，这也是缘分所在。

那是 1982 年，在美国的亚利桑那州召开了一个曾到过中国的老记者报道新中国的研讨会，艾培应邀出席。我经手替他办理出入境及签证等事宜。当他出访的一切手续全部办妥后，临走前，他到我办公室随口向我问了一句，“我去美国，在那里你有什么事需要我办吗?”我也随口回了一句，“如果可能，你到旧金山时可以去我家看看我的父母”。然后就把我父母在美国的地址给了他。

当时，我认为他是随口一问，我也就随口一说，并未当真。事后，我也就忘了这档子事。谁知，有一天我上班时，艾培到我的办公桌旁，交给我一个包裹，说是我父母给我的干果。他告诉我，他去看了我父母，可惜语言不通。我父母虽在美国多年，但是只会讲广东话。后来，我父母打电话把在附近工作的我的妹妹叫了回来，由会讲英文的妹妹从中翻译，大家才得以沟通。那一次，他们交谈得很愉快，最后我父母就托他给我带了干果。

我与艾培结婚后，我们于 1987 年、1989 年和 1992 年，前后共三次一起去美国看望了我的父母，祭扫了艾培父母亲的墓。艾培与我开玩笑说，“在美国，你的亲戚比我多，我的朋友比你多”。

最近，我在整理艾培的遗物时，无意中发现他珍藏着一张已经泛黄的纸，上面写着四句中文诗：“山西为媒 黄河为证 山高水长 心心相印。”我心头不由一热。自 1985 年后，我与他携手 20 年，还是第一次看到这张纸。看笔迹，像是张水澄的。他作为社里的摄影记者，当年与我一同陪艾培到山西访问，也是第一个得知我与艾培已决定结婚的同事。但是，这张纸和诗是怎么回事？我不知道。可以肯定的是，这是艾培珍藏的宝贝。我没想到艾培竟然还如此浪漫！

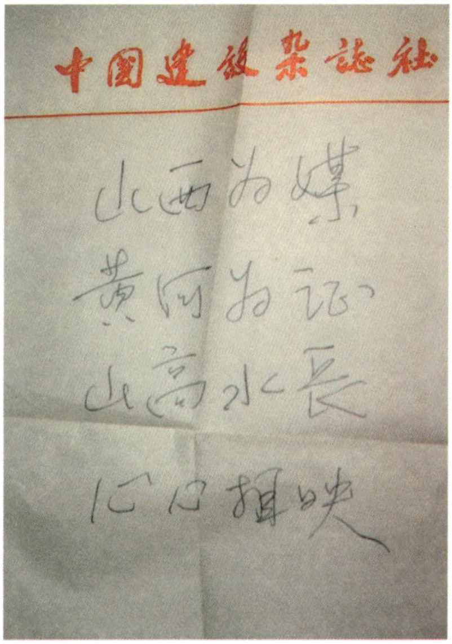

艾培珍藏的“山西为媒”诗句

35. 乐当助手

艾培是位职业新闻人，从他15岁开始记者生涯，采访、写作，宣传与介绍中国，发布和表达他所了解的情况，用笔传播信息，阐述观点，从来没有停歇。写作就是他的生命。

1985年，尽管艾培已经是70岁的人了，但是在他的脑子里，翻腾着无数写作计划。当然，最最迫切的任务是完成宋庆龄的嘱托。之后，他也还有很多别的想法必须完成，比如写他自己的回忆录。比如，他还想再访西藏，写一本西藏之行的续集。特别是当他获悉青藏铁路开始建设后，一直期待着铁路早日建成，他打算乘坐火车进藏一路采访。虽然他不服老，但是他的确有一种紧迫感，他总觉得时间不够用，尤其是用来安心写作的时间太少。他迫切希望拥有安心写作的时间，因为他想要完成的写作计划实在太多，心情也实在太急切了。

我知道，艾培迫切需要一位贤内助，一位更多从安排日常生活中对他贴心帮助并且可以帮他处理一些中文信件及电话联络的人。我十分理解他，也钦佩他，赞成他的梦想与计划。我想，通过艾培生动的笔触让全世界更多的人了解一个真实的、充满生机与活力的中国，热爱中国，也是宋庆龄的希望，我由衷地希望他的梦想早日实现，我愿意帮助他早日实现他的全部计划。

与艾培结婚后，我努力做好他的助手，协助他完成他预定的写作计划，是我最主要的职责。当然，首要的任务就是完成宋庆龄传记的写作。

既然是他的助手，他到哪我都陪着。陪他出席会议，陪他一同采访、收集资料、整理文字，一起去参观。出差时，替他整理行李，特别是要帮他拎着一大摞需要随身携带查阅的书籍、资料与写作必备的打字机。社里一直没有为他找到合适的秘书人选，就让我交出手中的工作，办理退休手续后返聘当他的秘书。这样，我就成了他的秘书，为他接听电话，联络与安排各类活动日程，协助他做工作

艾培与黄浣碧在查阅资料

黄浣碧协助艾培为读者签名

与采访的记录，起草中文信件等等。我没有什么大能耐，但是我愿意当好艾培的助手，努力帮他一把，至少当好他的后勤。

甘当艾培的得力助手

凡有客人来访，在家吃饭，艾培会要求我亲自下厨掌勺。虽然家里有保姆帮忙，但是他会要求我说“今天你自己做饭”，因为他很在意来访的客人，总希望尽可能对来客做到细致周到。特别是国外来的客人，他唯恐口味不合。的确，每个人的口味都不同。比如，艾培有个朋友，是位英国专家。她虽在中国生活多年，也喜欢吃中餐，但是她从不吃豆腐、豆制品与酱菜。每次她来我们家，我都亲自做她喜欢吃的菜，比如鱼和肉。艾培也是，虽然习惯也喜欢中餐，但是他的早餐，始终习惯于吃西餐。甜点与黑巧克力也是他喜欢的。艾培对我的厨艺还是放心的，因此他总会要求我亲自下厨。

打理好艾培的生活起居，保证他的健康也是我的重要任务。艾培的饮食不复杂，正餐为中餐。他像广东人那样，喜欢米饭，不吃馒头和面条，但是有馅子的包子他还是喜欢吃的。他从不会像中国人那样端着碗吃饭。他的早餐则天天是西餐：咖啡、牛奶、面包、鸡蛋或火腿肠之类，另加我自制的果酱“妈妈累”（Marmalade）及我烤的麦片。

艾培平时喝点白兰地和威士忌，但不喝白酒。

“妈妈累”是艾培最喜欢的一种果酱，他把它叫做“妈妈累”，其实就是橙子加柠檬做出的果酱。为了艾培喜欢吃的那一口，我整整做了20年橙子酱，因为他早餐就爱橙子酱。他还喜欢吃一种早餐“格瑞诺拉”（Glanola），就是将麦片、各类坚果、干果混合在一起的食品。友谊宾馆有现成的卖。早期“格瑞诺拉”15元一斤，后来涨到20元、30元直至40元一斤，于是我下决心自己学着做。坚果很硬，我就用粉碎机打，腰果很贵，我就在度假时到海南去购买。

艾培根本不会做饭，连挂面都不会煮，如果他一个人在家，那他就只会吃面包。他晚年生活上很依赖我。我们住在友谊宾馆时，艾培的第一任妻子伊迪丝患了胃癌，艾培知道了，叫我替他给伊迪丝寄500美元去。那时从中国汇外汇手续繁杂，到了中午12点，我仍没能赶回家来，艾培的孙子中午放学回来要吃午饭，而我寄钱去了，不在家。不得已，艾培临时抱佛脚，手忙脚乱地给孙子煎了个鸡蛋，孙子说难吃极了，实在咽不下去，结果一个荷包蛋

中国福利会成立50周年庆典在人民大会堂举行。艾培与新任中福会第五届执委会主席黄华等合影。左起：何理良、潘标夫人、艾培、潘标、黄华、黄浣碧

跟随艾培大半生的资料箱

资料堆积如山，不得不坐在地上整理

都没有吃完，就饿着肚子上学去了。

为艾培收集与整理文件和资料，也是我的一项重要工作。艾培特能留东西，特别是各种杂志、报纸、文史资料等等的创刊号、合订本，每年一本，他个人出资留存。多少年的东西全都攒着，他老舍不得扔。他去世后，直到现在，我都收拾不完，仅《中国日报》的剪报就有三大麻袋。他每天看报后，总把他认为重要的或者需要的都圈出来，让我剪下来汇集成为剪报保存。凡看到报刊上有错，他绝不放过或视而不见，必须圈出并指正。

他积攒的书刊、资料，书架根本放不下。我与他结婚后，搬了两次家，每次搬家，收拾这些书籍、资料是最费劲的。

通常，我们晚饭后去散散步，活动活动。有一次，晚饭后散步时，正碰到人们从餐厅出来聊天，其中的对话，艾培听不明白，就问我："什么是两块死蘑菇?"其实人家说的是"两块四毛五"。艾培虽然从小在中国长大，但是没有在学校正规学习过中文，所以他只能听得懂普通话，如果带了地方口音，他就听不懂了。他也可以说简单的生活用语，但是写不了。简单的书面语能慢慢看，但是篇幅一长，一复杂就看不懂了。他每收到中文信件，都要靠别人读给他听。回复信件也需要他口授意思后，由我写完念

满屋的资料是艾培的宝贝

每逢新年，艾培都会收到上百封朋友寄来的信和贺卡

给他听，他同意后，我再寄出。有时，一个句子，中英文的表述很不一样，我们就商量，最后选择最合适的语句。

每年的 11 月我们就开始忙碌，给国外寄贺年卡。给美国、英国的亲戚和朋友们，每次我都是买剪纸自制贺年卡。我们每年圣诞节、元旦都会收到 100 多封信和贺卡，当然也必须回同样多的信与贺卡。1995 年后我们开始写贺年信，把中国一年的事写成贺年信，由艾培写信，签上我们俩的名字后，由我负责去寄。

黄浣碧为艾培阅读来信

我属于节俭的人，可艾培更甚，他没有乱花钱的习惯。他口袋里从不装钱，从来不逛市场，不进高级商店，也不买东西。有一次。他从新疆开会回来，给我买了一件毛衣，我很高兴，同时也很奇怪，因为他根本不会买东西，也从来没给我买过。后来他告诉我，是同去的顾锦心提醒他，叫他给我买来的。他平时写东西时，习惯在用过的纸背面打草稿。他为宋庆龄写传时，也都用废纸打草稿。我现在还保存着他的自传《见证中国》的手稿，整本用的都是过期的简报背面。

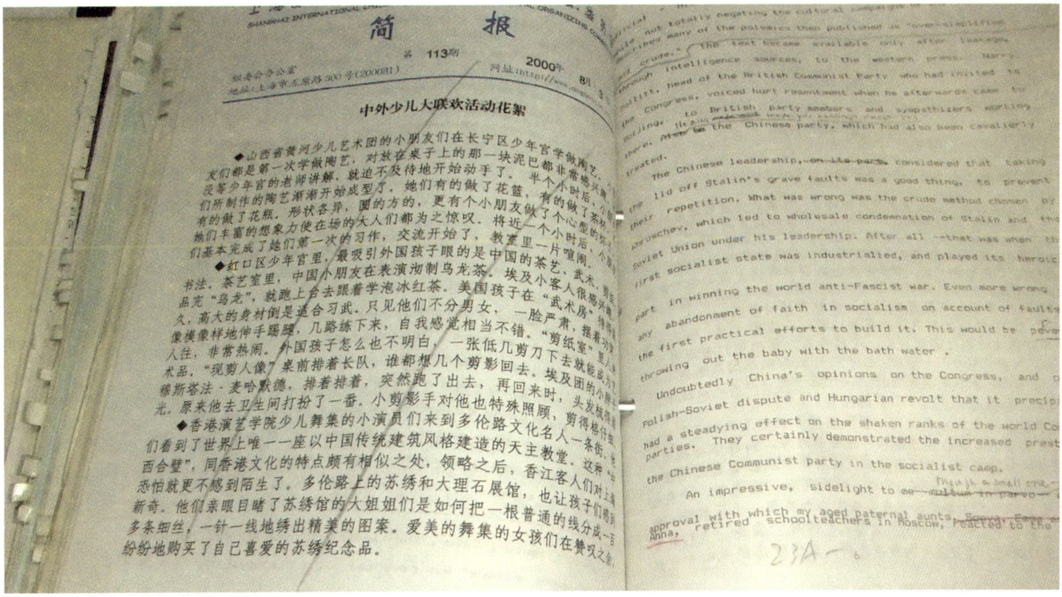

艾培最善废物利用，大部头的书稿都是在过期简报的背面来拟写的

党和国家领导人对艾培十分关心，也给予了充分信任和很高的荣誉。2001 年美国“9 · 11”事件后，江泽民总书记专门约请艾培去咨询有关国际事务的话题，我也陪同去了。记得那次谈话主要围绕着三个问题：

一、对国际形势的分析，包括苏联解体、东欧巨变十多年来国际形势的发展变化，世界社会主义运动的形势，以及世界发展的趋向等等。

二、“9 · 11”事件发生的原因以及对世界的影响，恐怖主义的根源，以及世界上民族、宗教问题对国际关系的影响。

三、对国内形势的看法，对我们党和国家工作的意见和建议。

此外，我还陪同艾培出席了很多其他重要的活动。

在我们携手完成共同目标的过程中，我从艾培身上学到了很多。我觉得艾培不仅是一个好人，而且是一个很了不起的人。我打心眼里愿意当好他的助手，为他分担更多的琐事，让他生活得更快乐、更健康、更幸福。

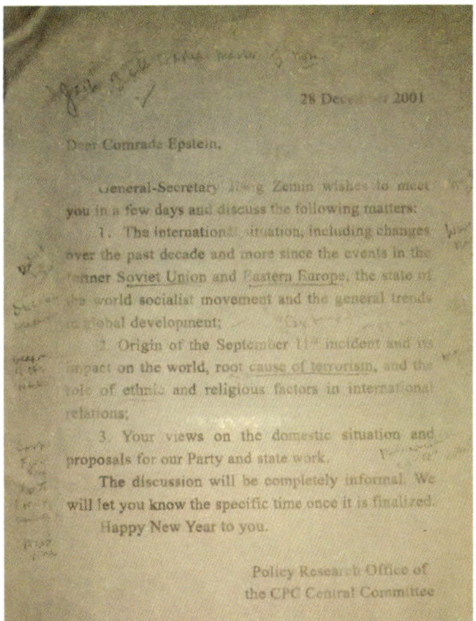

28 December 2001

Dear Comrade Epstein,

General-Secretary Jiang Zemin wishes to meet you in a few days and discuss the following matters:

1. The international situation, including changes over the past decade and more since the events in the former Soviet Union and Eastern Europe, the state of the world socialist movement and the general trends in global development;

2. Origin of the September 11th incident and its impact on the world, root cause of terrorism, and the role of ethnic and religious factors in international relations;

3. Your views on the domestic situation and proposals for our Party and state work.

The discussion will be completely informal. We will let you know the specific time once it is finalized.

Happy New Year to you.

Policy Research Office of
the CPC Central Committee

江泽民总书记给艾培的约请函

2004 年艾培访问澳门时与特首何厚铧会面

艾培以 70 高龄第四次到西藏采访

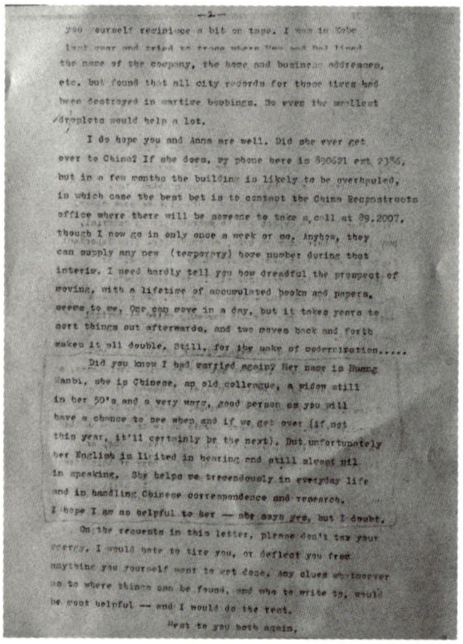

—2—

you yourself reminisce a bit on tape. I was in Kobe last year and tried to trace where ... lived, the name of the company, the home and business addresses, etc. but found that all city records for those times had been destroyed in wartime bombings. So even the smallest droplets would help a lot.

I do hope you and Anna are well. Did she ever get over to China? If she does, my phone here is 890621 ext 2356, but in a few months the building is likely to be overhauled, in which case the best bet is to contact the China Reconstructs office where there will be someone to take a call at 89.2007, though I now go in only once a week or so. Anyhow, they can supply any new (temporary) home number during that interim. I need hardly tell you how dreadful the prospect of moving, with a lifetime of accumulated books and papers, seems to me. One can move in a day, but it takes years to sort things out afterwards, and two moves back and forth makes it all double. Still, for the sake of modernization.....

Did you know I had married again? Her name is Huang Wanbi, she is Chinese, an old colleague, a widow still in her 50's and a very warm, good person as you will have a chance to see when and if we get over (if not this year, it'll certainly be the next). But unfortunately her English is limited in hearing and still almost nil in speaking. She helps me tremendously in everyday life and in handling Chinese correspondence and research. I hope I am as helpful to her — she says yes, but I doubt.

On the requests in this letter, please don't tax your energy. I would hate to tire you, or deflect you from anything you yourself want to get done. Any clues whatsoever as to where things can be found, and who to write to, would be most helpful — and I would do the rest.

Best to you both again,

1988 年 1 月 27 日艾培致外国友人莉莉的信中有一段对黄浣碧的评价

不久前，我在艾培的一些书稿中发现一封他 1988 年 1 月 27 日写给早年他在天津生活时的一位外国友人莉莉信的底稿，信的主要内容是向她了解有关宋庆龄的事，但是其中有一段是对我的评价：“你知道我又结婚了吗？她的名字叫黄浣碧，她是中国人，我的老同事，一位 50 多岁失去丈夫的女人，非常热心肠，跟你一样是个好人。如果有机会见面或者我们去你那（如果不是今年，肯定会是明年）。但是她的英语听力很有限，更不能用英语对话了。她在我的日常生活中给到我惊人的帮助，并且负责我的中文通信和研究。我希望我对她也是个有用的、有帮助的人——她说是，但我不相信。”他对我的评价，我这还是头一回看见，在他生前也从未曾对我提起过。我觉得我这个助手当得值得。

36. 晚霞温馨

艾培于 1995 年离休后，依旧闲不住，除了必要的社会活动——参加政协的定期活动和重要会议外，他对北京与上海的宋庆龄基金会、国际友人研究会、工会国际委员会的活动很上心，对各种有关孙中山、宋庆龄以及国际友人交往的研究与宣传活动也很投入。他担任中国福利会的副主席、中国国际友人研究会的副会长、中国工会国际委员会的副会长等职务，不是只挂个名，而是认真投入，帮助开展工作，解决问题。比如，中国国际友人研究会出版的一套外国人看中国的丛书《中国之光》，共 50 本，就是艾培花了很大精力，很多时间，从 100 多位外国人的作品中精挑细选出来的。每年的春节，宋庆龄生前的好友及宋庆龄的研究者都在我家聚会，其乐融融。然而，抓紧一切时间写作仍然是艾培最看重，也是最喜好的事。

艾培有个习惯，喜欢在澡盆里构思，往往在澡盆里一泡就是一个小时，他是在琢磨稿子。这是他从小养成的习惯。他小时候是边喝水边咬着杯子想问题，他母亲常常担

2005 年春节宋庆龄老友聚会于艾培家中。前排左起：黄苗子、傅涯、戴爱莲、郁风、艾培、丁聪；后排左起：左芷苹、陈知进、王唤君、傅伍仪、沈俊、黄浣碧、张爱荣、毛国华

艾培晚年在家中坚持写作

心杯子的瓷胎薄，老这么咬着，怕他把杯子咬坏。他一直都是满脑子的文章与稿子，一有空，就思考，他的写作几乎从不间断，一生除了从事记者与编辑的工作外，共写了八本著作。

艾培在完成了宋庆龄传记的写作之后，又继续写作，或对一些旧作补充再版，如对他 1939 年在英国出版的《人民之战》重新翻译出版；在 1944 年新闻通讯集的基础上增加当年的书信，重新修订出版了《突破封锁访延安》；在香港回归前夕，重新修订了《从鸦片战争到解放》，其中增补了新中国成立以来的变迁等内容。在他 80 寿辰前夕，我们将他多年来发表的新闻通讯收集汇编，出版了《爱泼斯坦新闻作品选》。90 寿辰前夕，又完成了他的自传《见证中国》和《历史不应忘记》的编撰出版。

艾培在生活上要求不高，也不挑剔。每次出去开会，他都穿得整整齐齐，可是他并不爱戴领带，认为那样太拘谨。他喜欢穿中山装，因为中山装有四个大口袋，里面可以装很多东西。他的口袋里什么都装：记录纸、烟具、火柴，包括抽过的烟头和火柴头等等。每次会议结束后，在回来的路上，他就轻松了。一上车，他马上松开领带，然后就唱歌。其实说是唱歌，也就是哼歌。《游击队之歌》、

艾培部分作品的封面

1993 年 5 月艾培与黄浣碧在少年宫与亚运会吉祥物东东合影

2003 年艾培与黄浣碧在家中欢度圣诞节

艾培与黄浣碧在北戴河游泳

旅游与游泳是艾培一生的爱好

《老人河》、《静静的顿河》等都是他很喜欢哼唱的歌。每当这时候，我也会跟着他哼唱。看见我们这么愉快，司机边开车，边偷着乐。

艾培为人体贴，随和，不爱出名，不爱摆架子。别人帮他做了什么，哪怕一点小事，他总是连声道谢。他对我一天不知要说多少声谢谢！但他不是对我一个人这么做，他对其他人也都是如此。

我们 2001 年搬到现在的住处，这是国家为在华工作的老专家拨款购置的住房，也是艾培中意的住所，他曾经看了多处，都不理想。此处离单位较近，出行也比较方便。

休息时艾培喜欢躺着看喜欢看的书，尤其是幽默的书，他说可以放松一下，换换脑子。艾培还十分喜欢旅游与游

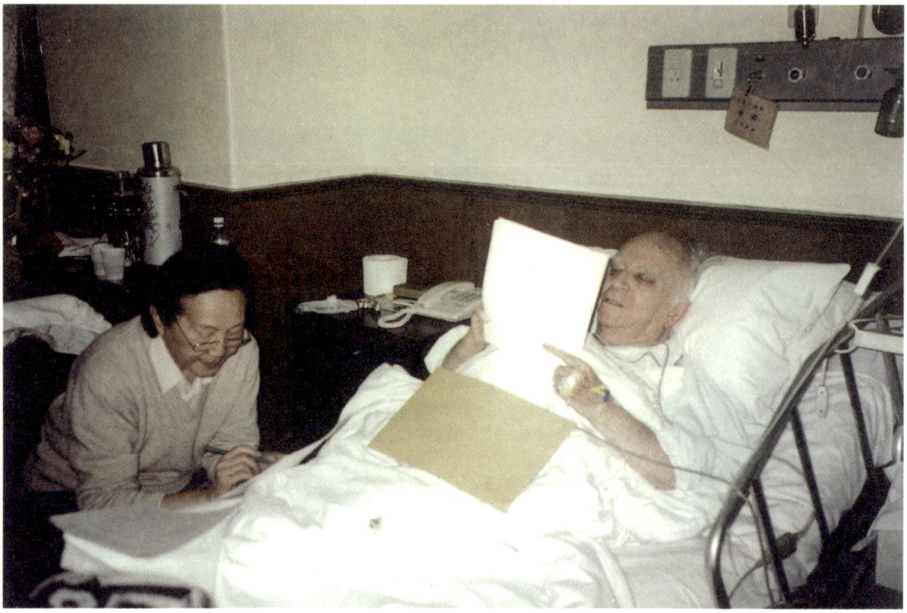

2002 年 4 月艾培躺在病床上口述，请张庆年帮忙打字

泳。每逢我们外出，碰到他与外国人说话时，他总会主动告诉我他们之间说了什么，以及他们交谈的内容。

他生病时，我陪在旁边照顾。基本上，我一晚上要起来三次。有时，我实在累了，晚上就让护工和他在一起，可他不让，一定要我陪着他，否则他就睡不踏实。

艾培喜欢叫我的三个称呼是："小黄"、英文"HUANBI"和"老太太"。有一次到广东，我们坐火车时，列车员听他叫我"小黄"，以为我是翻译，就叫我"老黄"，怕叫"小黄"对我不尊敬。于是艾培就叫我"老太太"，表示我不是工作人员，而是家人。张水澄曾打趣地说，"老太太"的称呼，是艾培的专利。

进入 80 高龄后，艾培也遇到了病魔的侵扰。2002 年，他在一周内做了两次手术，术后很长一段时间内，他只能靠插着各种导管在病房中静养。在生病住院期间，他也没停止写作，只要病情稍有好转，他就要动手用电脑。尽管他的手常常颤抖得厉害，可他继续坚持自己回忆录的写作。病重时，他用不了电脑，就先用脑子构思新的篇章，实在太累了，就请来外文局林局长的夫人张庆年帮他打字。我亲眼看到，他顽强地与时间赛跑，与病魔抗争。他的回忆录《见证中国》就是在这样的情况下完成的。当新书出版，举行首发式时，他高兴得笑了，笑得很开心。他说："我又完成了一大心愿。"

每逢过年过节，我们国家的最高领导人都不会忘记他，每一届的国务院总理，或者是我们的总书记都会专门看望和慰问他。

从他70周岁起，每逢他的大生日，国家有关部门都会为他举行隆重的庆祝活动。

1985年4月20日，邓小平、邓颖超等众多国家领导人出席了在人民大会堂举办的为艾培祝贺70寿辰的活动。这是国家领导人第一次为他的寿辰举行庆祝活动。当时的中共中央总书记胡耀邦正在国外访问，还专门发来贺信，称赞艾培"不愧为坚贞的国际主义战士与忠诚的爱国主义公民"。

1985年4月20日，邓小平在人民大会堂祝贺艾培70寿辰

1995 年艾培 80 岁寿辰，中共中央总书记、国家主席江泽民，全国政协主席李瑞环等领导人出席了祝寿会，他们一致称赞艾培“数十年如一日，致力于国际宣传与对外传播事业”。

2003 年，艾培 88 岁生日，这是中国传统习俗中的“米寿”。温家宝总理亲临家中为他祝寿。温总理一到楼梯口就亲切地大声说“我是温家宝”，我感觉这语气、这风度很有些像当年的周总理。

到 2005 年 4 月艾培 90 岁寿辰时，中共中央总书记、

1995 年 4 月 20 日，江泽民与李瑞环会见艾培，祝贺他 80 寿辰

艾培将自己的新书赠给江泽民

2004 年国庆招待会上胡锦涛主席与艾培握手

2003 年 4 月温家宝总理看望艾培，祝贺米寿。左一为万学远

国家主席胡锦涛因4月17日要出国访问，故提前来家里给艾培祝寿。胡主席轻车简从，和两个同志坐小面包车一起来的。他称赞艾培“既是我们心心相印的好同志、好朋友，又是杰出的国际主义战士”。离开时，胡主席很随和地与站在楼道里的邻居们致意、问好。

中国共产党从毛泽东主席开始，自始至终每届领导都不忘那些曾全心全意支持帮助中国革命和建设的外国朋友。安娜·路易斯·斯特朗就是第一个由毛主席为她做生日的外国人。艾培也曾出席了那次的祝寿活动。

艾培并没有因此而飘飘然，他只想着如何再多做些什么，再多写些什么。

在他90寿辰时，除了回忆录《见证中国》外，他还送给中外朋友另一份最新成果，就是《历史不应忘记》这本书。

2004年，艾培即将进入90高龄。这年的下半年，五洲传播出版社策划出版纪念抗战胜利60周年的力作，邀请艾培完成其中的一本:《历史不应忘记》，艾培立即答应，并全身心地投入。

《历史不应忘记》这本书，是将艾培以往有关抗日战争题材的作品挑选出来，汇编而成的一本专门回顾中国抗战的书，用以纪念中国人民抗日战争和世界反法西斯战争胜利60周年，以中英两种文字出版，书名也是艾培自己确定的。

我虽然很担心他的身体，但还是理解他，也支持他。因为这的确是一项很有意义的工作。

我帮助他把他过去出版的与抗日战争有关的书全都找出来，其中有专门写抗日战争的，也有其中涉及抗日战争内容的。我按照艾培的意思，把其中凡涉及抗战内容的部分统统复印下来，又找出我精心收藏的艾培这些年来发表过的关于抗战的一些文章和讲话。做完这些基础的资料采集工作之后，交给出版社的编辑，他们工作起来就方便多了。

全国人大副委员长热地向艾培敬献哈达，祝贺他90寿辰

老朋友丁聪以漫画祝贺艾培90寿辰

2001年4月艾培86岁生日。手持生日蜡烛，老两口笑着说“倒过来就是68！”

黄浣碧协助艾培一起写宋庆龄传记

1994年艾培在北京宋庆龄故居为外国驻华使馆夫人团在书上签名

2005年4月4日，艾培在特制的小桌板上为集邮爱好者签纪念封

记得出版社的编辑来与艾培商谈编辑事宜时，艾培的身体状况不佳，但是精神却很好。

他因为膝关节的病痛，日常接待来客只能坐在轮椅上，吃饭的时候紧靠着大桌子的一端，为此，我专门为他设计了一个小桌板，弄来一块特制的长木板，绑在轮椅的两个扶手上，这样，他在轮椅上看东西和写作的时候就方便多了。每次出版社编辑来访或谈事情时，他也就这么在这小桌板上工作。在他的不懈努力下，《历史不应忘记》这本书终于赶在他90诞辰前夕出版了。

看到艾培那按捺不住的喜悦和心满意足，我也高兴极了。我很欣慰，因为我在其中也付出了心血，在帮助他完成心愿中，尽了我所有的努力，当好了助手。我既自豪，也很有成就感。

回顾我与艾培共同走过的20年，是幸福的，充实的，共同的价值观与追求，使我们一路相亲相爱，同甘苦、共患难，共同与病魔抗争。

1990年4月15日，艾培与黄浣碧在上海兴国宾馆（何理良摄）

1990年代艾培与黄浣碧在友谊宾馆家中

四、为宋庆龄写传

熟悉宋庆龄的人都知道，宋庆龄是一个非常低调与谨慎的人，从来不事张扬。她喜欢写信，但从不在信中谈及机密与重要事情。在宋庆龄致友人的几乎每封信后，她都会习惯性地写上一句“阅后销毁”。她对自己的照片也总是很慎重地对待——一是不轻易拍照，二是未经她本人准许，绝不允许她的照片随便对外。

1976年，宋庆龄回到上海期间，曾在自己淮海中路的寓所亲自销毁了大批私人信件与资料。她对自己的身后事，在生前早已做好安排。早在中山陵建造时，她就不参与意见，她从来也没有想过要沾国父孙中山的光，没动过与国父合葬的念头，更不曾想过去惊动中山陵。那时她就打定了主意，百年之后，遵从当初与父母家人的商定，落葬在家族的墓地，永远陪伴着父母，与父母家人一道。

以她的个性，她不会为自己树碑立传，且多年以来，海内外无数人试图说服她，要求为她写传，其中不乏名人与大家，可都被她一概拒绝。但是在1975年5月，宋庆龄却正式向艾培提出请他为自己写传，并表示将自己保存的所有照片都交艾培保管。这似乎不像宋庆龄的作风，但这的确是事实。

2003年7月艾培在家中书房接受采访

37. 话题的提起

宋庆龄最早向艾培提出写传的事是在1975年5月28日。宋庆龄在给艾培的信中说：

亲爱的朋友：

读了你的短信很感欣慰。一些出版社负责人和作家曾和我联系，他们甚至还派代表到我这里来，劝我让他们来写我的传记。这些人我都拒绝会见，并向他们说明“我要自己写回忆录”，以此作挡箭牌。

我只信任艾培来做这件事，因为你比别人更了解我。

等我们有时间，我会写信约你单独来谈谈。

向你致以爱意。

你的永远的 SCL

1975年5月28日

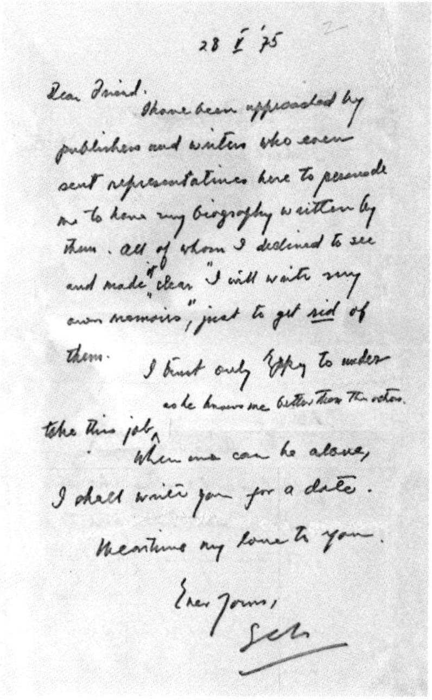
28 V 75

Dear Friend:

I have been approached by publishers and writers who even sent representatives here to persuade me to have my biography written by them. All of whom I declined to see and made it clear "I will write my own memoirs", just to get rid of them.

I trust only Eppy to undertake this job, as he knows me better than the others.

When we can be alone, I shall write you for a date.

Meantime my love to you.

Ever yours,

SCL

1975年5月28日宋庆龄致艾培函

当时艾培并未表态，因为这是宋庆龄首次自己提及写传的意向，同时她在信中的语气似乎并不十分急迫，也没有要求艾培表态。

宋庆龄第二次提及写传是1980年9月17日。那天，宋庆龄给艾培写了一封长信。在这封信中，她又旧话重提，请艾培为自己写传。她说：“无论如何，我想请你在我死后写我的传记。因为我对别人不像对你这样信任。”

有趣的是，艾培接到信后因为匆忙，并没有将信全文通阅，而是只看了信的前半部分后，就急忙按照宋庆龄信中的要求去处理交办的事去了，压根没有看到关于写传的这部分内容，因此也就没有做出反应。等到他忙完了事情，准备写信向宋庆龄汇报事情处理结果时，重新把来信再回看一遍，这才看到了有关写传的这部分内容。

艾培说，面对宋庆龄交给自己的重托，他此时的第一反应是受信任。他知道，几十年中，世界上无数比他知名的人一直要求为宋庆龄写传，但是都遭到拒绝。而此刻，宋庆龄却选择了自己，要求自己为她写传。他很感动，被宋庆龄对自己的友情和信任所深深地感动。当然他也明白，这既是一份荣誉，也是一份责任。他只觉得百感交集，思绪万千。

艾培很认真、很慎重地经过考虑，写了一封长信，回复了宋庆龄。同时，把自己对如何写传的思考与计划一并做了汇报。1980 年 9 月 20 日，艾培给宋庆龄写了回信，他向宋庆龄表示：“非常乐意做这件事，我会把我的能力和精力都无保留地投入其中。”

宋庆龄于当月 25 日高兴地回信表示感谢。这是宋庆龄给艾培的关于写传的第三封信。在信里，宋庆龄完全同意艾培草拟的写作方案，同时表示：“我终于可以写信告诉你，我多么骄傲和高兴，因为我最信任的朋友和同志同意为我写传记了。所有的自传都免不了表现出自我中心，所以还是让我所信任的朋友来写我的传记。我现在过于疲乏，不能经常地坐下来回答问题，但我随时都准备解答你想要问的任何问题。”

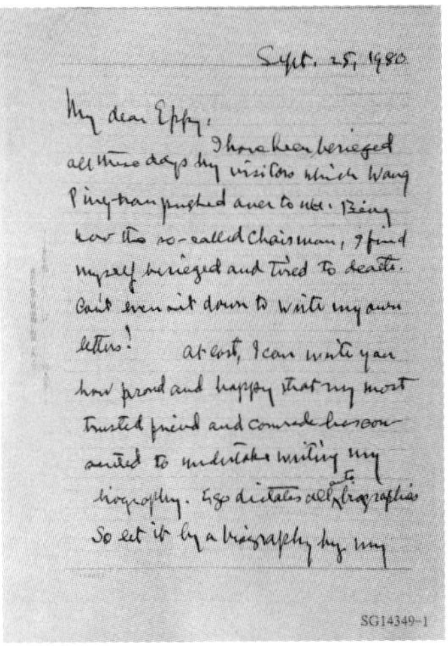

Sept. 25, 1980

My dear Eppy:

I have been besieged all these days by visitors which Wang Ping-nan pushed over to me. Being now the so-called Chairman, I find myself besieged and tired to death. Can't even sit down to write my own letters!

At last, I can write you how proud and happy that my most trusted friend and comrade has consented to undertake writing my biography. Ego dictates all auto-biographies So let it be a biography by my

SG14349-1

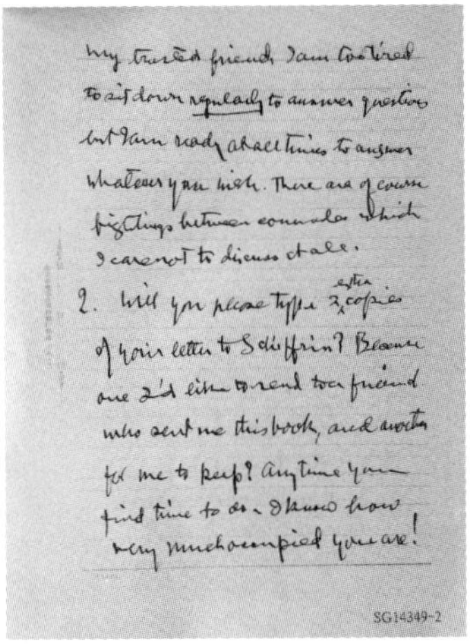

my trusted friend. I am too tired to sit down regularly to answer questions but I am ready at all times to answer whatever you wish. There are of course fightings between comrades which I care not to discuss at all.

2. Will you please type 3 extra copies of your letter to Schiffrin? Because one I'd like to send to a friend who sent me this book, and another for me to keep? Anytime you find time to do. I know how very much occupied you are!

SG14349-2

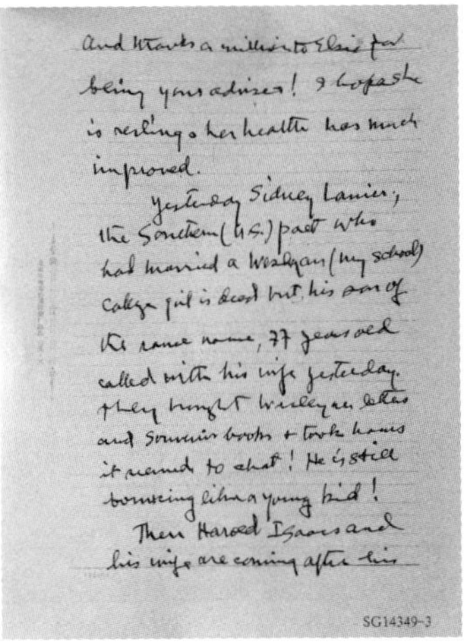

And thanks a million to Elsie for being your adviser! I hope she is resting & her health has much improved.

Yesterday Sidney Lanier, the Southern (U.S.) poet who had married a Wesleyan (my school) College girl is dead but his son of the same name, 77 years old called with his wife yesterday. They brought Wesleyan letters and souvenir books & [illegible] to chat! He is still bouncing like a young kid!

Then Harold Isaacs and his wife are coming after his

SG14349-3

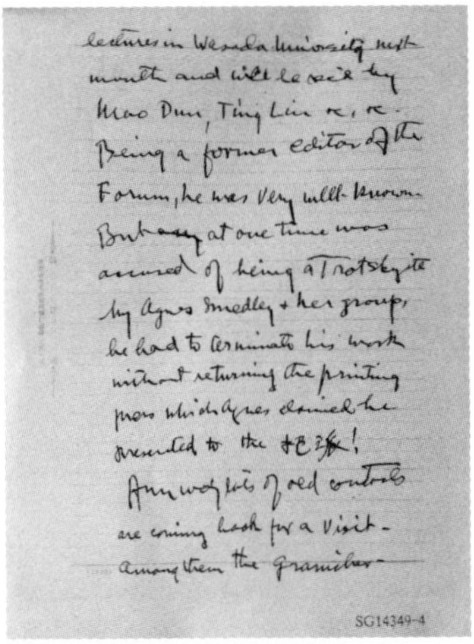

lectures in Waseda University next month and will be received by Mao Dun, Ting Lin etc, etc. Being a former editor of the Forum, he was very well-known. But [illegible] at one time was accused of being a Trotskyite by Agnes Smedley & her group, he had to terminate his work without returning the printing press which Agnes claimed he presented to the 托派!

Anyway lots of old contacts are coming back for a visit - among them the Granichs -

SG14349-4

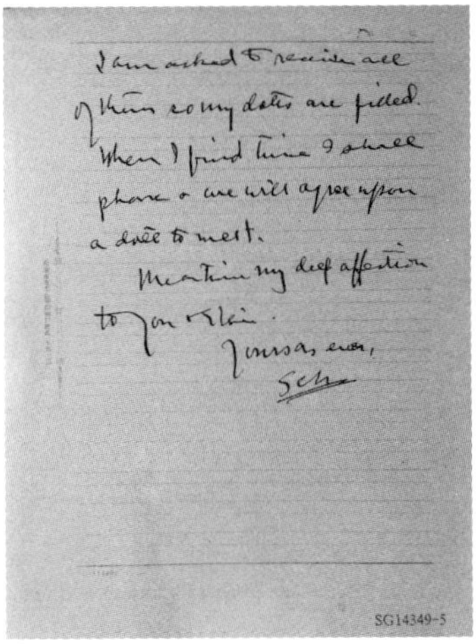

I am asked to receive all of them so my dates are filled. When I find time I shall phone & we will agree upon a date to meet.

Meantime my deep affection to you & Elsie.

Yours as ever,

SCL

SG14349-5

1980 年 9 月 25 日宋庆龄致艾培函

38. “我最信任的人”

1938年时的艾培

宋庆龄为什么会选中爱泼斯坦为自己写传？这是一个经常被人问及的话题。

在1980年9月25日的信中，宋庆龄也毫不避讳，她坦率地向艾培披露了友人的质疑：“当然，在同志们中间关于谁来写我的传记有争执，但我根本不想讨论这件事。”

用宋庆龄自己的回答是：“信任”。“我只信任艾培来做这件事，因为你比别人更了解我。”

的确，信任与了解，我认为是宋庆龄选中艾培为她写传的最主要的原因。

艾培从23岁开始，曾与宋庆龄共同奋战了将近半个世纪。

艾培与宋庆龄的结缘，始于斯诺。最早是在20世纪30年代的初期。虽然，那时两人没有见面，彼此只是通过文章有了初步的了解，但是，对彼此的基本立场与观点倾向有了最初也是直观的印象。他们第一次正式会面是在1938年的9月，是在中华民族处于最危急的关头，也正是在宋庆龄创办保卫中国同盟（中国福利会前身）的最初

1938年艾培用镜头记录了宋庆龄去伤兵医院探望伤员

香港西摩道 21 号保卫中国同盟办公室旧址

1998 年老战友顾锦心、李云、艾培、潘标、戴爱莲（左起）旧地重游，“保盟”当年的办公地已翻建成住宅楼

宋氏三姐妹在重庆看望孤儿

“保盟”从海外募集到大量物资运往抗战前线

时期。那年，艾培 23 岁，他应宋庆龄之邀，担任了机构的中央委员，他是当时机构领导成员中年纪最小的一位。

从此，艾培跟随宋庆龄，并在宋庆龄的领导下，在她创办的机构里工作了一辈子，直至他走完人生的最后阶段。他是在宋庆龄领导的机构里从创建起就参加，并且工作时间最久的人。从 1938 至 1981 年，艾培与宋庆龄在将近半个世纪的岁月里，共同经历过许多事——

1938 年 9 月 18 日，在广州，为抵抗日本帝国主义发动的侵华战争而组织的声势浩大的大游行；

1938 年 9 月 19 日，陪同宋庆龄到广州码头迎接印度国大党派来的援华医疗队；

1938 年底来到香港，参加“保盟”，担任中央委员会委员，编辑《保盟通讯》；

1942 年初，辗转到达重庆，继续担任“保盟”中央委员，为“保盟”的宣传工作出力；

1944 年，赴延安采访时，代表宋庆龄向毛泽东转达她的问候，征求如何更有效帮助延安的意见，并带回了毛泽东开给宋庆龄的所需援助的物品清单；

1945 年抗战胜利后，在美国编辑中国福利基金会工作报告《孙夫人的报告》，努力为基金会筹款；

1946年起，多次协助宋庆龄应对国外媒体的诽谤与中伤；

1949年，当美国政府插手切断对中国福利基金会的援助渠道时，积极筹备成立中国福利呼吁会；

1951年，重返中国，一起创办《中国建设》杂志，为办好《中国建设》杂志殚精竭虑半个世纪；

1951年9月18日，在北京中南海怀仁堂见证了宋庆龄获得斯大林国际和平奖，宋庆龄当场宣布将全部奖金10万卢布捐出，用于妇幼福利事业，并请艾培替她珍藏获奖仪式上的照片；

1956年起，每逢孙中山诞辰纪念，即协助撰写纪念文章与发言；

1978年，共同回顾机构发展，撰写中国福利会会庆40周年纪念文章；

1980年，为《人物》杂志拟写介绍宋庆龄的专题；

1981年，为宋庆龄拟写接受加拿大维多利亚大学授予荣誉法学博士学位的答词；

几十年来关心和帮助共同的朋友……

他们有很多共同的朋友：如斯诺夫妇、格兰尼奇夫妇、有吉幸治、杨孟东、路易·艾黎、耿丽淑、马海德夫妇、

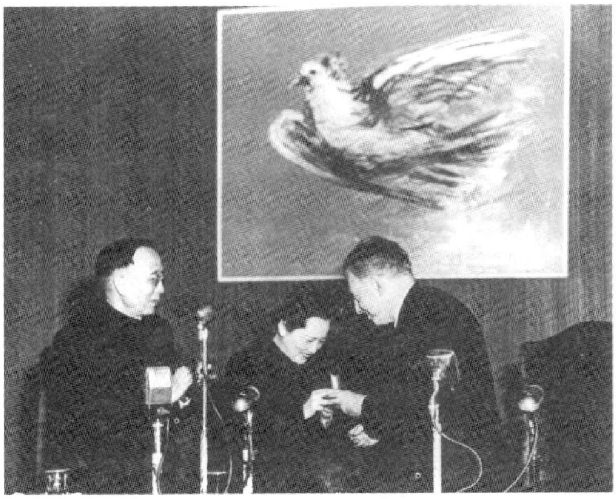

1951年9月18日，宋庆龄获得斯大林国际和平奖，艾培在现场见证了这一刻

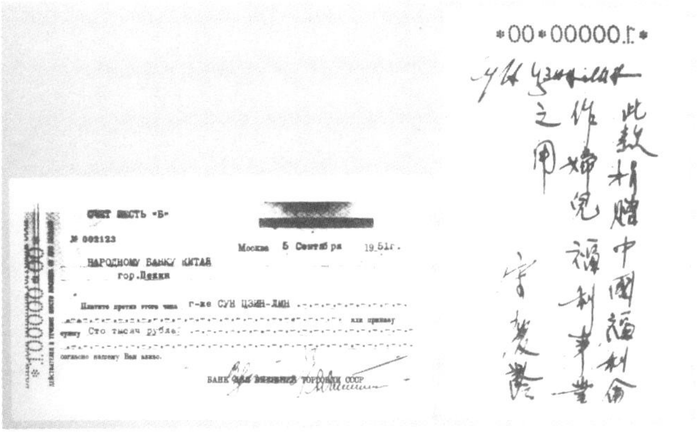

宋庆龄将获得的10万卢布奖金支票当场捐出，宋庆龄在支票背面题写：此款捐赠中国福利会作妇儿福利事业之用

1980年中外友人在宋庆龄北京寓所聚会

米勒夫妇、斯特朗、史沫特莱、贝特兰、周恩来夫妇、廖梦醒和廖承志姐弟、邓文钊父子、陈乙明、陈翰笙，陈志昆一家等等。

在几十年的交往过程中，宋庆龄十分了解艾培的为人与行事风格，特别是对艾培的文字功夫与写作能力，不仅熟知而且欣赏。她知道，艾培的写作态度很严谨，长期的新闻与编辑工作经历，培养了他追求真实与准确的习惯。况且，从他写作并出版的书籍名称就可以知道他所热衷与关注的话题：《人民之战》、《我访问了延安——共产党领导的中国西北解放区目击记》、《中国未完成的革命》、《从鸦片战争到解放》、《西藏的转变》等等，她完全清楚艾培一向不关心鸡零狗碎的八卦小道消息，他绝不会为了迎合读者而附庸低级趣味。传记到他手里，绝不会写歪。

宋庆龄与艾培对新闻、写作与阅读方面都有着共同的爱好，他们经常交流阅读心得以及国外最新出版的书刊和知名作家的信息。

他们在对外宣传报道方面有着相同的观点，在坚持

《中国建设》杂志独特的定位与风格的努力中，他们经常共同探讨与磋商。他们往往为了一篇重要的稿件，反复推敲和修改。宋庆龄也曾多次放手请艾培代拟文章、起草信函、修改润色。特别是他们在共同应对一些造谣诽谤事件的过程中，曾无数次一起讨论与斟酌，宋庆龄对艾培的文笔、写作风格以及对事物的分析、描述和把握分寸的能力十分了解，完全放心。她也很明白，艾培完全熟悉和了解自己的想法以及对一些重大问题的思路与把握的尺度。

早年，大约在1951年时，艾培为向海外推销与介绍《中国建设》杂志，曾为宋庆龄写过一份简介。当年的那份简介经过宋庆龄的亲自审阅与确定。

后来，在回击与澄清海外各种书刊、文章中伤和诽谤宋庆龄的事件中，宋庆龄曾多次向艾培讲述自己的经历和具体细节，要求他据此为其代拟信函。如1946年9月，美国一刊物专栏上刊登了一篇文章，对宋庆龄进行了诽谤。宋庆龄写信给艾培与邱茉莉，详细讲述了自己的真实情况，并商量如何回击。

1970年代，为了澄清斯诺在《复始之旅》一书中的不实描写与内容，宋庆龄曾多次与艾培商讨如何应对。

之后宋庆龄又针对希夫林的不实描写，请艾培写信更正。

在几十年的交往中，他们一直保持通信的习惯，即使同在一个城市，也经常用信件沟通信息。

特别是艾培曾应邀在1980年《人物》第三期写了《我所了解的宋庆龄》一文，事前征求过宋庆龄的意见，完稿后又交宋庆龄审阅，宋庆龄完全赞同，并补充了内容。所以宋庆龄对将自己的传记交给艾培写，心中完全有底，非常放心。

39. 宋庆龄的意见

艾培是个做事很认真的人，对于为宋庆龄撰写传记，他格外慎重。他必须征得宋庆龄的真实想法与明确意见。

经过考虑，他在 1980 年 9 月 20 日给宋庆龄写了一封长信，就如何撰写传记拟了一个具体的框架，谈了自己的设想，同时征求宋庆龄的意见。

在信中，艾培首先与宋庆龄讨论了传记以第几人称写更合适的问题。艾培认为："如果以第一人称写，那将是最有影响，最权威和全面的，不管是你亲自动笔写或是口述（即以"口授"方式），我都将会帮助你做好必要的书稿整理，以备出版。当然也可以用第三人称形式来写，我来担任作者，这也是可以的。但这实质上仍然是你的自传，因为书的内容主要来自于你，可以说你是书中绝大多数情况的唯一的知情人。你的一生与本世纪在中国和世界上发生的那么多的事件及其进程都有联系，只有你才能提供这些情况并加以说明。你的个人经历和思想更能帮助人们通过现实来印证历史，并通过正确地认识历史来指导今天的现实。"

其次，艾培谈了如何收集写传的材料，他认为可以从宋庆龄以往发表的文章和往来的信件中收集，更重要的是需要用大量时间与宋庆龄之间进行交谈。至少每周进行一次。先将初步材料组织起来，拟出草稿。

艾培还谈了传记的预期目标：1. 提供有关宋庆龄及其所处时代第一手的真实历史史料。2. 为今后优秀作家研究撰写宋庆龄设定标准版本。3. 以宋庆龄的个人经历和她所参与的重大历史事件激励教育年轻一代。4. 杜绝心怀叵测的捏造和歪曲。

对于传记的体量与篇幅，艾培希望"是一本有选择的不太厚的书，只是把重要的事实写在里面，给人一个完整的印象。收入的重点是选择你一生中经历的重要事件和当时的外部环境，以及其他一些相关的主要人物"。

因为，艾培在这之前发表在1980年《人物》第三期上的《我所了解的宋庆龄》曾经尝试过这样的写法，也得到了宋庆龄的赞同。从某种意义说，这篇文章，其实就是宋庆龄传记的概要本。

这篇文章全文一万多字，一共有三部分。第一部分讲述了1924至1935年左右，艾培对宋庆龄的认识；第二部分是讲1938至1944年，抗日战争时期艾培如何认识宋庆龄并在她领导下一同经历的事件与斗争；第三部分是讲抗战胜利后，宋庆龄回到上海开展工作，直到新中国成立后宋庆龄的贡献。第一与第三部分文字很短，重点放在了第二部分。

文章发表前，艾培送呈宋庆龄审阅。宋庆龄阅后，要求特别注意加上一些内容。宋庆龄强调并要求加上的是：

1.“在写咱们保卫中国同盟的活动情况时，请写上我从香港去广州迎接由爱德华率领的印度医疗队一事。当时你在那里当记者。我见到了你，请你来帮助‘保盟’开展活动，揭露背信弃义的行为并帮助新四军和八路军。还有我在广州帮助举办妇女火炬游行，激励人们奋力抵抗正在入侵的日本军国主义者。”

2.“我们应当感谢亚特兰大的那位飞行员（虽然他曾

宋庆龄在香港募集到的大型救护车前留影

1957 年 12 月 3 日，印度援华医疗队长爱德华大夫追悼会在北京举行。周恩来、宋庆龄出席。手捧骨灰盒者为陈翰笙

几次到过我的住处，但我忘了他的名字）。他冒着风险携带我们'保盟'的信件给美国援华会和美国朋友。我从当时其他飞行员那里听说，他被指控为共产党员的联络员，曾被捕入狱，后又被降级。"

3. "我想也许我们应当提到史迪威将军允许我们将医疗物资（甚至一部 X 光机和战地急救车）空运到八路军那里。我们应该表彰他的勇气，因为他诚实，蒋介石一直想把他赶走。"

当然，宋庆龄很尊重艾培，在表达了自己的意见后，她特别强调说："假如你有某些理由不同意上述建议，那就请你不必有所顾虑，不提它好了。我完全相信你的判断。"对于宋庆龄的意见，艾培十分重视，在艾培撰写的传记中，加上了这些内容。

1980 年 12 月，《中国画报》看到《人物》第三期刊登的艾培写的文章后，也邀请艾培为该刊撰写一篇关于宋庆龄的文章，并配以一组照片。艾培将拟写的文章及拟刊登的照片一起送给宋庆龄过目。艾培自己认为文章并不满意，主要由于篇幅的限制，总觉得有一些重要的事情还没有告诉读者，他于1981年1月10日写信给宋庆龄："例如你经常关心的第三世界国家的解放和进步，而这也正是当年孙中山先生所关心的。我很想听听你的意见，特别是请你告诉我哪些事实有出入，因为我手头没有足够的参考资料。此外，请你提出哪些需要补充进去，哪些需要删除。"

1981年1月12日，宋庆龄在看了艾培应《中国画报》写的《宋庆龄——中国杰出的女性》文章后，写信给他，"我想你已经写得很全面了，除了一个事实。那就是，当我意识到斯大林不愿意继续帮助我们，而是听任蒋介石为所欲为的时候，我就不再在莫斯科多待了。

"于是我请母亲给我寄一点儿钱来，然后就去了欧洲。邓演达当时已在柏林，所以不久叶挺、章克和黄琪翔也去了，希望能够在那里建立一个革命小组。关于叶，只能以后有机会当面讲给你听了。

"……我以前总是与布鲁塞尔的反帝国主义同盟联系，不过同盟在欧洲并不活跃。

"……我曾和印度及朝鲜的革命者有过联系，当时我们必须十分小心谨慎。"

由此可见，宋庆龄对她领导的保卫中国同盟在抗日战争时期的努力十分重视，对她领导的机构与国际友人与第三世界的联系、互相支持这部分内容哪怕是一些细节都很关注与在意，同时提出了具体的修改意见。

也就是说，艾培写的《我所了解的宋庆龄》和《宋庆龄——中国杰出的女性》两篇文章，都经过了宋庆龄的认真审阅、修改和认可。因此，对于艾培将要写入传记的内容，宋庆龄不仅心中有数，也完全认可和放心。而艾培，经过与宋庆龄的数次沟通，也完全领会了宋庆龄的精神和意思。

为了协助艾培写好传记，宋庆龄曾答应随时准备解答艾培想要问的任何问题，并且表示，会将自己所有的资料，包括珍藏的照片都提供给他。

40. 200 多封珍藏信函

艾培特能收藏宝贝，他的宝贝很多，最令他珍爱的是宋庆龄与他及邱茉莉的200多封往来信函。这些信，我已遵照艾培的遗嘱，全部捐给了北京宋庆龄故居和中国福利会。

这200多封来信，内容广泛，有互赠礼物，有交换读物，有沟通老友信息，也有商量刊物工作与文章内容的。见证了他与宋庆龄的友谊。

艾培珍藏的宋庆龄来信，最早一封写于1939年6月30日，最迟一封写于1981年3月。最早一封的内容是对艾培所著《人民之战》于1939年在伦敦出版时的评论，最后一封是称赞艾培为她在接受加拿大授予荣誉博士学位仪式上拟的讲稿很合自己的意思，并要求把这份“历史性的文章”设法找一张更好的纸打印出来，以使自己不断抖动的手拿起来更方便些。

200多封信，最集中的是在1951至1981年间。新中国成立后，艾培与邱茉莉重返中国后一直在宋庆龄领导下工作，特别是又同住在北京。为何反而这段时间信件居多？一是大家都忙但还彼此牵挂，另一方面是出于对《中国建设》杂志的关心与热爱，要报告的事很多，很多信件都涉及杂志的文章和质量。

从大量宋庆龄致艾培的信件可以看出，宋庆龄的很多重要文章，都是请艾培代拟、润色和修改的。

如1965年6月27日的信，是宋庆龄请艾培代拟俄文版创刊号的文章。1965年11月17日的信件中，宋庆龄感谢艾培为自己的《解放十六年》一文所做的修改与润色。1966年2月23日，宋庆龄致信艾培，请他为《孙中山——坚定不移、百折不挠的革命家》一文修改润色。凡此等等。

再一个原因就是宋庆龄与艾培彼此有很多共同的朋友，如美国的斯诺夫妇、格兰尼奇夫妇、杨孟东，还有一些国际上知名的作家与出版人等，他们在信中互通朋友间的信息。另外，就是宋庆龄对有些事件的处理希望获得艾培、邱茉莉的意见。

比如，希夫林事件，比如对斯诺夫人提出的一些要求，比如，答复李约瑟（J.Needham）提出的有关对待收养的问题等等。

总之，200 多封信件传递了一个明确的信息，即宋庆龄与艾培和邱茉莉的深厚情谊以及宋庆龄对艾培的高度信任。

1980 年 6 月 15 日，宋庆龄致信艾培，信中称艾培与邱茉莉是自己的“家人”。信中，宋庆龄告诉他们隋永清将要结婚的消息。同时，介绍了隋永清丈夫的情况。她说：“他比她大 14 岁，党员，需要赡养有病的母亲，因此大部分的家具用品得由我提供。届时就在家里举行一个简朴的茶会，不请任何政府官员……这将是个简朴的活动，当然不会张扬。不过你和埃尔西自然要来参加婚礼，因为你们是我的‘家人’。”

1980 年 12 月 5 日，宋庆龄致信艾培：“感谢你关注我的事情。等我病好一点以后，我有许多照片要交给你保存……”信中充满对艾培的信任。

当然，所有信件中，最重要的莫过于宋庆龄恳请艾培为其写传的三封信。

艾培自认为对宋庆龄是很了解的。除了他们曾经共同走过的道路和经历过的事件外，他也从两人大量日常通信的交流中，获得并积累了不少信息。如：宋庆龄亲自叙述自己对父母的感情，与亲属的关系，父母对自己婚姻的态度，以及对一些事件、人物的看法与意见，对媒体不实报道的愤怒，对自己婚姻的详细说明。

后来，艾培写入宋庆龄传记中的内容，除了与宋庆龄共同经历的史实外，很多皆取自他们之间往来的 200 多封信件之中。从某种意义上说，这批信函，也是艾培写传的可靠的、重要的第一手依据。

41. 希夫林事件

在宋庆龄与爱泼斯坦的往来信件中，“希夫林”这个名字被多次提起，此人一度令宋庆龄愤怒与不快，甚至十分烦恼。

因此艾培在与宋庆龄探讨如何写传的时候，都特别提到了希夫林这个名字。

让艾培忙得以至来不及看完宋庆龄来信的，也是关于希夫林的事情。

在宋庆龄旧话重提邀请艾培为自己写传的第二封信中，宋庆龄用很长的篇幅与他讨论的主要话题，就是针对希夫林的不实描述如何予以回击。

艾培在与宋庆龄商讨写传记的事宜时，特别指出：“如果能按这种方式进行那就再好不过了。这是写作的最坚实的基础，也是对未来离奇谎言的捏造者，或其他希夫林式的‘学术’研究者最有效的先发制人。”

那么这个希夫林是谁？

安德烈·希夫林1935年出生在法国，他的父亲是俄裔犹太人，“一战”后移民到法国，创立了七星出版社，是一位非常知名的出版商。“二战”爆发后，老希夫林逃难到纽约，加入潘塞恩图书出版公司，致力于出版名著，以出版卡夫卡作品而闻名。1961年兰登书屋收购了潘塞恩。1962年，安德烈·希夫林子承父业，加入兰登书屋，在父亲影响下，强调图书的学术品位与思想价值，坚持出版物的内在价值。1990年，作为出版人，他为恪守出版业的传统价值观而从兰登书屋辞职，创办了新新出版社，主要出版在教育、文化和社会价值方面有创新意义的书籍。

“希夫林事件”到底是怎么回事呢？我认为，它与宋庆龄最终下定决心写传，并要求艾培来完成有着十分直接的关系。

宋庆龄第一次向艾培提起希夫林是1980年9月15日。宋庆龄向艾培写信求助，咨询应该如何对待希夫林？信中，宋庆龄告诉艾培，自己看到了希夫林写的有关孙中山的三本书，其中一本中对孙中山与宋庆龄的婚姻描述是歪曲与不实的。她草拟了一份致希夫林的信，反驳了其书中的谬误，并要求其更正，她准备向艾培征求意见后再决定是否发出此信。

艾培接信后，立即提供了自己的意见，他认为由宋庆龄亲自出面不妥，并愿意帮助宋庆龄着手处理此事，以自己的名义与希夫林通信交涉。经过几番交涉，最后圆满解决。

1981 年 2 月 5 日，艾培向宋庆龄汇报，希夫林已经承认了错误，并以合作的态度，主动采取了一些补救的措施。“如亲自给被许多人视为标准参考书的《中华民国人名大辞典》发去更正；……他表示还要在另一本杂志上做出更正。……他还想利用这个契机跟中国学者进行接触。”

在半年时间里，宋庆龄与艾培关于此事共有 11 封往来信件，宋庆龄在信中详细叙述了自己与孙中山结婚前后的经过，父母的态度与做法，她与孙中山结婚证书的下落等等，以及自己对类似歪曲事实的出版物的态度。

希夫林事件最终较圆满地得到解决，宋庆龄对艾培协助她处理此事十分感激。

此事件使宋庆龄与艾培都清醒地认识到，一些别有用心的人、无聊的媒体，根本无视一些早已被反复澄清的事实，热衷于纠缠宋庆龄与孙中山的婚姻与情感问题不断炒作。面对经常冒出的诽谤与谎言，由宋庆龄或她的代言人出面澄清与批驳往往显得被动与无奈，甚至中了媒体希望炒作的圈套。

我想，正因为此，宋庆龄下决心主动出击，亲自安排为自己写传事宜，正面阐述事实真相，以正视听。

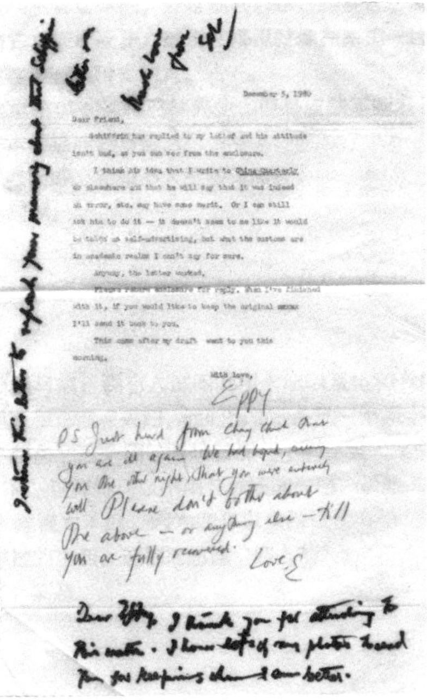
December 5, 1980

Dear Friend,

[illegible] has replied to my letter and his attitude isn't bad, as you can see from the enclosure.

I think his idea that I write to China Quarterly or elsewhere and that he will say that it was indeed an error, etc. may have some merit. Or I can still ask him to do it — it doesn't seem to me like it would be taken as self-advertising, but what the customs are in academic realms I can't say for sure.

Anyway, the letter worked.

[illegible] When I've finished with it, if you would like to keep the original [illegible] I'll send it back to you.

This came after my draft went to you this morning.

With love,

Eppy

PS Just heard from [illegible] you are ill again. [illegible] Please don't bother about the above — or anything else — till you are fully recovered.

Love, E

[illegible]

1980 年 12 月 5 日宋庆龄与艾培关于希夫林的往来函

42. 写出心中的伟人

与宋庆龄商定了全书的框架后，对完成写作，艾培还是很有信心的。因为之前他已有了在《人物》和《中国画报》上的小练笔，并且获得了宋庆龄的完全肯定。

艾培认为，宋庆龄是在我们这个使世界发生翻天覆地变化的 20 世纪中一位杰出的妇女。她的一生几乎绵延了整个世纪，她同这个世纪里中国和国际上的许多重大事件都有联系。她的个人品格是既完美又独特的。凡是见过她的人都能感受到她给予的温暖。她给人的鼓舞力量是不分中外、无远弗届的，因为它是与时代的脉搏和谐一致的。

艾培决定写入传记的都是与宋庆龄及其她所处的那个时代重大事件相关的事。全书的框架是当年他与宋庆龄共同商定的，当时他们决定不用洋洋洒洒的巨大篇幅，只拣重要的部分与内容，写出宋庆龄在重大历史事件中的表现与作为。他希望通过传记，让人们了解她是一位伟大的女性，是一个对这个时代作出巨大贡献的人。艾培并不准备面面俱到地展示宋庆龄的全部生活画面，他认为不可能，也没有必要。他根据早已与宋庆龄确定了的框架和重点认真去写。他只展示最重要的一些阶段和事件。

但是，由于宋庆龄的谦虚与为人低调，很多人并不了解宋庆龄，特别是海外。其实国内的大多数人对宋庆龄也并不十分知晓。一般人对宋庆龄的了解，往往停留在她是孙中山夫人，是国母。甚至有一种论调，认为宋庆龄在新中国成立后，没有做过什么事，只是一个象征性的摆设。艾培认为，这对宋庆龄是极不公道的，也是极大的歪曲与误解。艾培在传记的第十八章中，重点描述了宋庆龄开展人民外交的卓著贡献。在第二十章里，介绍了宋庆龄在进入暮年时仍为中国与世界的交往架设沟通的桥梁，为中国人民的福祉尽心奉献。他希望通过自己的笔，向人们展现一个了不起的女性，一个值得全世界尊敬与仰慕的杰出人物。

同时，艾培也希望通过自己的描述，回击形形色色的诽谤与流言。艾培曾多次对我说，他与宋庆龄都太明白一个事实，那就是自从宋庆龄与孙中山结为夫妻之后的几十年来，国内外多少八卦媒体与居心险恶之人热衷制造关于宋庆龄的流言与绯闻，尤其在宋庆龄处于重大历史关头做出回应的关键时刻，也就是流言与诽谤散布炒作之时，无非是要达到中伤她、污蔑她、抹黑她的目的。宋庆龄为此苦恼过、抗争过，但似乎无济于事。宋庆龄几经权衡，最后主动提出为自己作传，并将这个任务托付给艾培，不仅是对艾培的信任，对他实事求是文风与把握时局脉搏能力的肯定，也是为了杜绝八卦流言在她身后重复发生与泛滥。

艾培说：这部通俗性传记的目的是使读者通过这本书见到一个真实的宋庆龄，只要有可能，有关她的事迹都是用她自己的文字和语言来叙述的。来源是所有能够找到的她所写的东西，包括数以百计的私人信函。在这些信函中，不少是她写给艾培的，还有许多是她的其他同事和友人提供的。可惜的是，宋庆龄尽管写了很多信，但由于长期地下斗争与危险环境中养成的习惯，使她对于留下有关她的活动详情的文字记录十分谨慎，在必要时，会要求收信人在阅后将信烧掉。目前，保留下来的信件使人们更多地了解她的性格和友情，但往往都不直接涉及时事，或者附带地提一下。因此，关于重大的事件，有许多只能依据她的正式发表的文章。

所以说，艾培所作的传记的视角是宏观的，有侧重的。他的重点是，写出宋庆龄对中国革命的贡献。宋庆龄一生的贡献是什么，要让全世界都知道。为了要让全世界都知道，而不仅仅是让全中国知道，艾培对如何撰写动了脑筋，他从西方人的阅读习惯出发，选择从孙中山讲起，从孙中山讲到孙夫人，讲到宋庆龄不仅是孙中山的夫人，还是战友，是孙中山思想的忠实捍卫者，强调宋庆龄在中国革命和世界重大历史事件的关头的重大作用和贡献，在不同历史时期、重大历史事件中默默无闻、低调但是坚定、勇敢，作出了伟大的贡献。

与笔杆子打了一辈子交道的艾培

43. 从通读年谱起步

我与艾培结婚之后，最热衷与执著的事就是为我们心中最敬重的伟大女性宋庆龄写传，这是我们俩的头等大事。我们俩从一开始就携手合作，一起参与，共同努力。

艾培首先决定以《宋庆龄年谱》作为基本线索，先将宋庆龄的一生粗粗地捋一遍。

对于艾培来说，通读一遍30万字的《宋庆龄年谱》可不是件容易的事。

艾培虽然打小就来到中国，在中国接受的学校教育，在中国度过了他的青少年时代，但是他从来没有正规学习过中文。他就读的学校是外国人办的，学生都是外国人，因此学校里并不教中文。他虽然在中国生活了一辈子，能够听懂普通话，也能进行简单的对话，但是他不会用中文写作，弄不懂多音字与多义词，特别是对中文书面语的阅读与理解都是不行的。他习惯于英文写作与思维。即使是听懂了中文，也必须用英文写下他明白的意思。就连平日里在北京他想给人用中文打个电话或写张简单的便条，都需要别人协助。我们结婚后，这些都是我的事。他如果需要在政协会议上发言，那么，事前，他总要把发言稿写好后译成中文，再标上拼音，在家反复练习后，才到会上读出来。

以他这样的中文水平，根本无法直接通读《宋庆龄年谱》。如果让他自己将《宋庆龄年谱》看一遍，第一步就得考虑把《宋庆龄年谱》译成英文。将30万字的全书用英文翻译出来，加上校对等等，那不仅工程量巨大，时间上也不允许。

为了节省时间，提高工作效率，我们两个还是决定采用通读的办法，只是必须两人一道共同通读。所谓一道共同通读，也就是分工合作，即我读他听。由我负责按照《宋庆龄年谱》里的时间段一段一段地为他讲解，他则专心地听，听到重要的部分，就用英文输入电脑作摘录。

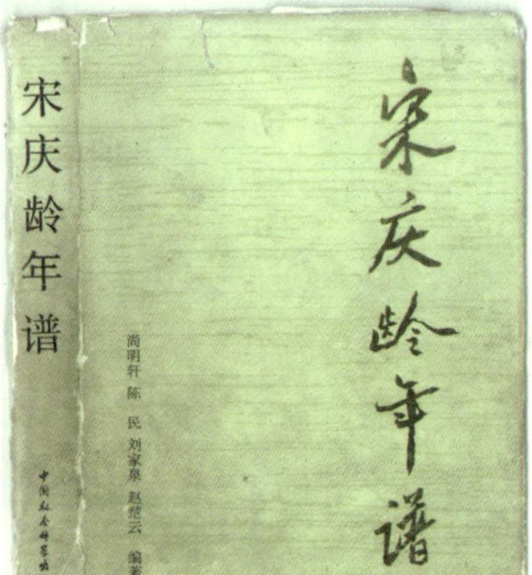

艾培写作时参考的《宋庆龄年谱》封面

艾培与黄浣碧准备开始一天的写作

我们两个坐在电脑旁，开始工作。我的通读工作，看似简单，其实可不容易。不仅费嗓子，还费神费心。因为年谱上用的是简练的书面语，如果不动脑筋地按照书上语句照搬的话，艾培就会不知所云，无法理解。我必须得将《宋庆龄年谱》中的书面语以口语的形式，以他能够理解的句子讲给他听。一句讲完，如果他仍不理解，我还要一一解释，或举例说明。总之，务必使他明白意思。严格地说，我得用他听得懂的语句讲，而不是简单快速地读。因此，我的工作必须经过我的创造和努力。一个句子，一条记载，我有时要讲两遍、三遍，甚至四五遍。

艾培边用心听，边将他认为重要的部分在年谱上作标记，同时打字输入电脑。有时，他对年谱的某一条或某一点有疑问或不理解，就向我反复追问。边问，边用笔在年谱上记录，重要的事件还用笔在年谱上边写边勾画出来。一本年谱以这样的方式通读下来，耗费的工夫可真不少。

最要命的是，我们并没有整块的、充裕的时间保证通读工作有条不紊地进行。我们俩得抓紧一切可以利用的时间，甚至是挤出点点滴滴的空档，来完成通读年谱这个基础工程。我们常常是一有时间，赶紧工作。我认为，称通读工作是基础工程，一点也不过分。因为这项工作，是写传的基础，也是必要的第一步。

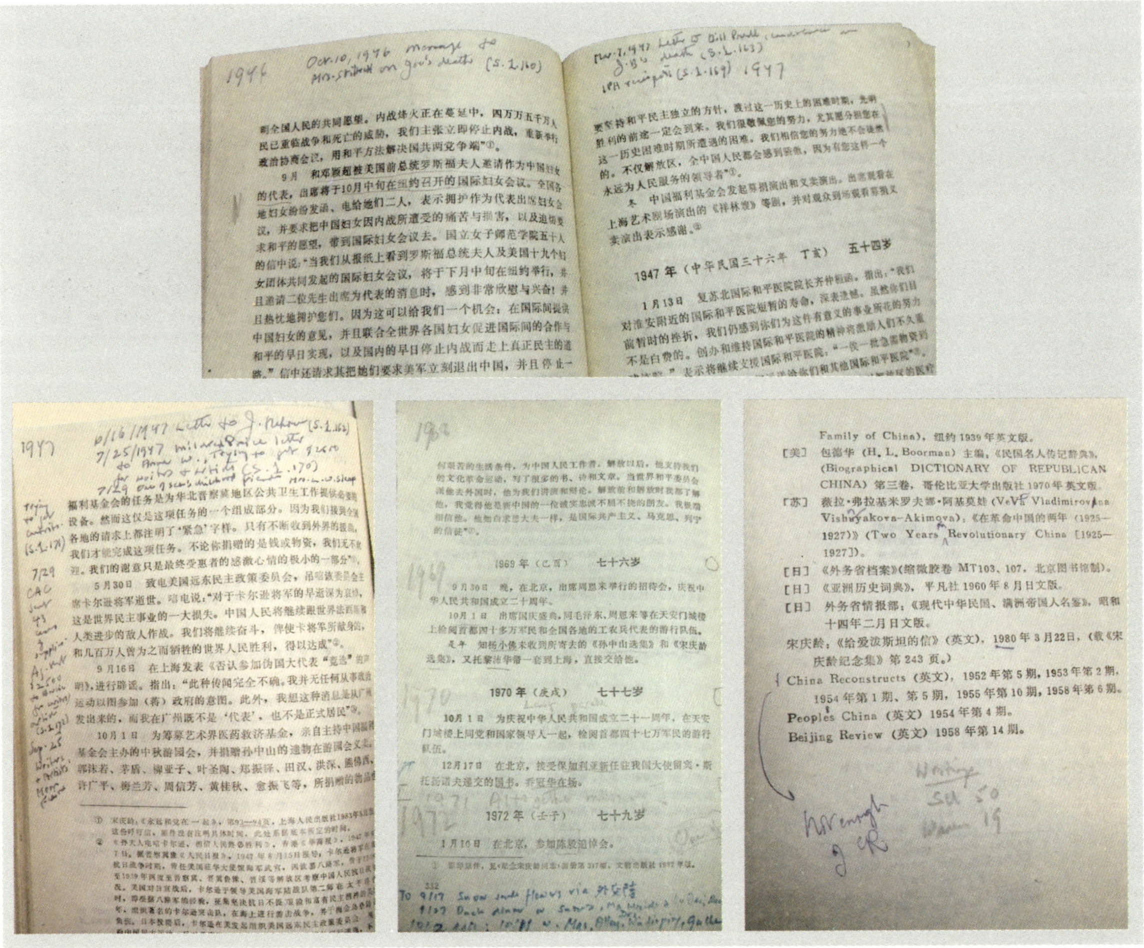

1946

…到全国人民的共同愿望。内战烽火正在蔓延中，四万万五千万人民已面临战争和死亡的威胁，我们主张立即停止内战，重新举行政治协商会议，用和平方法解决国共间竞争端"①。

9月 和邓颖超被美国前总统罗斯福夫人邀请作为中国妇女的代表，出席将于10月中旬在纽约召开的国际妇女会议。全国各地妇女纷纷发函、电给她们二人，表示拥护作为代表出席妇女会议，并要求把中国妇女因内战所遭受的痛苦与损害，以及追切要求和平的愿望，带到国际妇女会议去。国立女子师范学院五十人的信中说："当我们从报纸上看到罗斯福总统夫人及美国十九个妇女团体共同发起的国际妇女会议，将于下月中旬在纽约举行，并且邀请二位先生出席为代表的消息时，感到非常欣慰与兴奋！并且热忱地拥护您们。因为这可以给我们一个机会：在国际间表达中国妇女的意见，并且联合全世界各国妇女促进国际间的合作与和平的早日实现，以及国内的早日停止内战而走上真正民主的道路。"信中还请求其把她们要求美军立刻退出中国，并且停止一…

1947

…要坚持和平民主独立的方针，渡过这一历史上的困难时期，光明胜利的前途一定会到来。我们很敬佩您的努力，尤其要分担您在这一历史困难时期所遭遇的困难。我们相信您的努力绝不会徒然的。不仅解放区，全中国人民都会感到骄傲，因为有您这样一个永远为人民服务的领导者"③。

中国福利基金会发起募捐演出和义卖演出。出席观看在上海艺术剧场演出的《祥林嫂》等剧，并对观众到场观看募捐义卖演出表示感谢。④

1947年（中华民国三十六年 丁亥） 五十四岁

1月13日 复苏北国际和平医院院长齐仲桓函。指出："我们对淮安附近的国际和平医院短暂的寿命，深表遗憾。虽然你们目前暂时的挫折，我们仍感到你们为这件有意义的事业所花的努力不是白费的。创办和维持国际和平医院的精神将激励人们不久重…

1947

福利基金会的任务是为华北晋察冀地区公共卫生工作提供必要的设备。然而这仅是这项任务的一个组成部分。因为我们接到全国各地的请求上都注明了'紧急'字样。只有不断收到外界的援助，我们才能完成这项任务。不论你捐赠的是钱或物资，我们无不……我们的谢意只是最终受惠者的感激心情的极小的一部分"①。

5月30日 致电美国远东民主政策委员会，吊唁该委员会主席卡尔逊将军逝世。唁电说："对于卡尔逊将军的早逝深为哀悼，这是世界民主事业的一大损失。中国人民将继续跟世界法西斯等人类进步的敌人作战。我们将继续奋斗，俾使卡尔逊将军所献身的、和几百万人曾为之而牺牲的世界人民胜利，得以达成"②。

9月16日 在上海发表《否认参加伪国大代表"竞选"的声明》，进行辟谣。指出："此种传闻完全不确。我并无任何从事或参加运动以图参加（蒋）政府的意图。此外，我想这种消息是从广州发出来的，而我在广州既不是'代表'，也不是正式居民"③。

10月1日 为筹募艺术界医药救济基金，亲自主持中国福利基金会主办的中秋游园会，并捐赠孙中山的遗物在游园会义卖。郭沫若、茅盾、谭亚子、叶圣陶、郑振铎、田汉、洪深、熊佛西、许广平、梅兰芳、周信芳、黄佳秋、愈振飞等，所捐赠的书画…

1969年（己酉） 七十六岁

9月30日 晚，在北京，出席周恩来举行的招待会，庆祝中华人民共和国成立二十周年。

10月1日 出席国庆盛典，同毛泽东、周恩来等在天安门城楼上检阅首都四十多万军民和全国各地的工农兵代表的游行队伍。

知杨小佛来收到所寄去的《孙中山选集》和《宋庆龄选集》，又托黎沛华带一套到上海，直接交给他。

1970年（庚戌） 七十七岁

10月1日 为庆祝中华人民共和国成立二十一周年，在天安门城楼上同党和国家领导人一起，检阅首都四十七万军民的游行队伍。

1972年（壬子） 七十九岁

1月10日 在北京，参加陈毅追悼会。

Family of China)，纽约1939年英文版。

［美］ 包德华（H. L. Boorman）主编，《民国名人传记辞典》（Biographical DICTIONARY OF REPUBLICAN CHINA）第三卷，哥伦比亚大学出版社1970年英文版。

［苏］ 薇拉·弗拉基米罗夫娜·阿基莫娃（Vera Vladimirovna Vishnyakova-Akimova）：《在革命中国的两年（1925—1927）》（Two Years Revolutionary China［1925—1927］）。

［日］ 《外务省档案》（缩微胶卷 MT103、107，北京图书馆制）。

［日］ 《亚洲历史词典》，平凡社1960年8月日文版。

［日］ 外务省情报部：《现代中华民国、满洲帝国人名鉴》，昭和十四年二月日文版。

宋庆龄：《给爱泼斯坦的信》（英文），1980年3月22日，（载《宋庆龄纪念集》第243页）。

China Reconstructs（英文），1952年第5期，1953年第2期，1954年第1期、第5期，1955年第10期，1958年第6期。

Peoples China（英文）1954年第4期。

Beijing Review（英文）1958年第14期。

艾培在《宋庆龄年谱》上做的记号

44. “人脑斗不过电脑”

艾培写作有个习惯，就是每写一段东西后喜欢反复推敲，反复修改，他的文章历来是只要有可能，就会不断修改，而且常常是改动得还很大也很多。越是重要的文章，他的改动越多、越大。往往一篇文章他会来回地修改，有时写好了以后，又干脆推倒重写。我曾经开玩笑地问他，你这样改来改去的，最后会不会又改回到最初时的样子？他很认真地回答：“可能”、“会的”。

由于他的这个习惯，所以使用打字机写作就很麻烦。一遍一遍地修改、重写，就意味着要一遍遍地重新打字。工作量很大，重复劳动很多，不仅费时费力，还费纸张，人也很累。

所以，当电脑这个新式武器面世后，艾培十分欢喜和兴奋，他认为这是个可以大大提高工作效率的好东西，是文字工作者的福音。

记得 1984 年他在友谊宾馆一位美国朋友那里第一次看到电脑这个神秘的好东西，那是一台苹果电脑。那位美国专家使用这个新式武器写作，可以反复地修改、储存、复制……运用与操作起来比打字机方便多了。这个新式武器很对艾培胃口，他从内心喜欢！这台电脑令艾培很羡慕，他想如果自己使用电脑写传，会大大提高工作效率。于是，

1985 年艾培开始写宋庆龄传记时使用的第一代苹果电脑

他提出想买一台电脑。

1980 年代初期，电脑刚刚问世，可算是个稀罕物，当时国内没有，如果要买，必须提出申请，向上打报告，层层报批，最后，还需要获得向海外订购的指标。几经周折，由我经手办理，中建社总算为艾培从香港买到了一台电脑，是第一代的苹果电脑。

电脑是 1985 年 7 月到的货，于是艾培开始使用电脑来写传了。

第一代苹果电脑的外观很好，外壳是个箱子，打开后是电脑，用完后收起来装好，可以一拎就走，当然，分量很重。可是，对经常出差，走到哪都不肯中断写作的艾培来说，却很对路。反正，负责拎这个电脑箱的人总归是我。第一代苹果电脑的屏幕是 9 吋的，以今天的眼光看，屏幕实在太小了，英文字幕看起来很费劲，可在当时，那已经是相当不错了。

电脑这个新式武器，看别人操作很简便，可到了自己手中却不那么如意，首先需要熟悉它的各项性能，学着掌握运用技巧。这个看着容易的工具，真正使用时可不怎么听话，特别是最初的阶段，艾培不太会使用，常常误操作。思绪涌来时一个劲儿地输入，写了很多，却忘了存盘。有

艾培在使用第一代苹果电脑写传

1998年6月9日，艾培在上海举行的庆祝中国福利会成立60周年纪念座谈会上发言

时写得很顺，不知触碰了什么键，写完的内容就全不见了。

艾培原以为有了电脑，可以彻底革命，大大提高工作效率。不曾想，电脑经常不听使唤，最要命的是，刚刚输入的文字，转眼全部不见了。好不容易写过的内容，下次却怎么也找不到了。明明保存过的段落，竟然完全失踪了。眼看整段整段已经完成的内容瞬间消失，急的艾培不知所措。不知有多少次，艾培因为突然失踪的文字而浪费时间与精力不断寻找，反复重写，平添了新的负担与苦恼。

令人心烦的是，电脑还常常罢工。电脑一旦罢工，写作就进行不下去。早期的电脑，性能不如现在，常常出故障，写作时而中断，原因是电脑主机的风扇坏了。那时，国内买不到电脑的风扇，于是就委托“保盟”中央委员邓文钊的儿子邓广殷先生从香港购买。一次又一次地买与带，实在太麻烦了，最后邓广殷干脆一下子买了好几个带过来。

后来，我们又更换了电脑，但是依然有出故障的时候。艾培经常要与电脑作斗争，也经常为电脑的罢工而烦恼。最苦恼时，他总会两手一摊，耸耸肩说：“哎，我要上吊了！”但是他从来不承认是自己在操作中失误，总认为是电脑罢工或发生故障。用他的话说：“人脑斗不过电脑！”

45. 艰苦的写作

艾培历经十年写传，严格讲，是耗时十年。酝酿与筹备的时间，大约就用了五年。真正用于写作的时间，也就是五六年的工夫。

写作计划的确早于 1980 年 9 月就已拟定。然而，真正动笔却是 1985 年我们结婚之后。这时的艾培，已经是 70 岁的人了。

1980 年，在接受写传的任务之初，艾培很有信心，他认为以自己的能力和掌握的资料，不会耗费很长时间。那时，宋庆龄尚健在，他与宋庆龄双方都以为会有足够的时间沟通交谈。所以当初，大家都各自忙着手头更急迫更重要的事情，把交谈的事一推再推。可是，谁也没有料想到的事竟然发生了！宋庆龄于 1981 年 5 月份突然发病，且很快逝世。

在宋庆龄逝世后，艾培的心始终沉不下来，无论是单位还是家庭，各种不得不应对的事务总也不断。

1982 至 1983 年，主要是围绕悼念宋庆龄、纪念宋庆龄的活动很多。

1983 年，艾培与另外十位已取得中国国籍的外国人一起当选了全国政协委员，艾培还当选为常委。这是我国改革开放后一个翻天覆地的突破。

新当选的中国籍外国血统政协委员。左起：李莎、陈必娣、艾培、叶华、魏璐诗

1991 年 3 月艾培出席全国政协会议

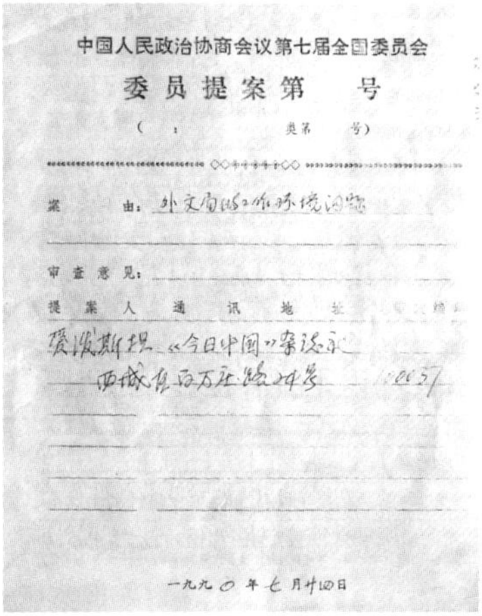

中国人民政治协商会议第七届全国委员会

委员提案第　　号

（　：　　类第　　号）

案　由：外文局的工作环境问题

审查意见：

提案人　通讯地址　邮编

爱泼斯坦　《今日中国》杂志社

西城区百万庄路24号　100037

一九九〇年七月廿四日

艾培提交的政协提案封面

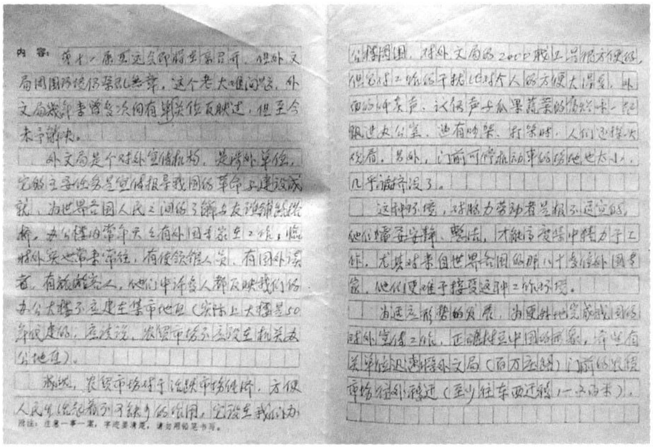

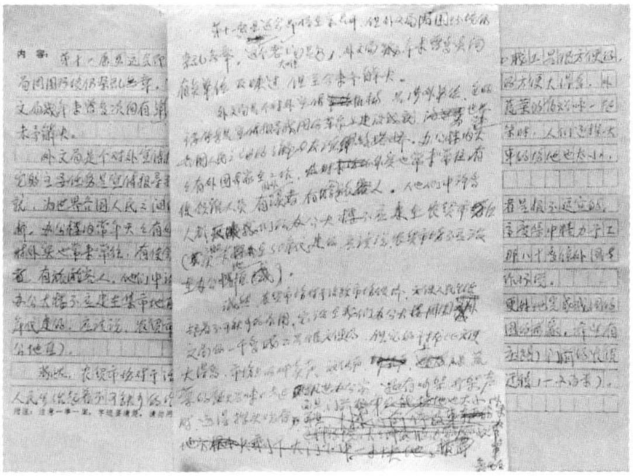

艾培提交的政协提案内页及提案草稿（黄浣碧抄写）

早在“文革”之前的 1965 年，廖梦醒就祝贺艾培当选政协委员了，可是直到“文革”结束，艾培也没等来政协的通知。因此，这个迟到了的委员头衔，艾培很珍惜，也很投入。秉性认真的他，作为常委，一丝不苟地履行自己的职责。他要定期参加全国政协会议，列席全国人民代表大会，还要出席每季一次的政协常委会和到外地参观考察。此外，艾培手头的事情太多，能够沉下心来写作的时间太少。他是个对待诸事皆很认真之人，既然担任了社会职务，他就不会马马虎虎地混日子。

例如担任政协常委，除了例会、考察外，他一共提交了十几个提案。诸如：所有查实的腐败官员，不论其触犯刑律的贪污数额大小，一律免职，永不起用。制造假药及有意用来牟利的，应受严惩。促请人大制定一个“合作社法”，等等。其他委员的提案，他赞成的也在上面签字。

艾培生性乐于助人。同时，他还是个好脾气，即使再为难，他也不好意思拒绝别人的请求。担任政协常委后，向他反映问题、找他帮忙、请他向上转交帮助解决问题的人更多了。而他，总不推托，还特别认真。凡有人求助，他每次必先仔细了解一番后，再通过适当的渠道予以反映。

与此同时，艾培当时的妻子邱茉莉癌症手术后一直养病、治疗，一度住院，最终医治无效于 1984 年去世。这段时间里，艾培的心绪很乱，生活也不安定。

1984 年，艾培已经开始积极着手收集资料，并做写传的一切准备。比如申请购买当时刚面世的新式武器——电脑，申请购买无线电话机，等等。当时申请一部无线电话机是很麻烦的，先要到无线管理委员会登记，批准后，每年要交管理费。我作为他的部下，一直四处奔走，为他的写传做准备，努力经历这些繁琐的申报与走程序的漫长旅途。可是，他心情再焦急，主观上再努力，他的写作工程，总还是被各种各样客观上的事情所耽搁与打断。

1979 年，在胡耀邦的倡导下，一贯严格把控的对外喉舌做了一项突破性的改革，准许由外国血统的人掌握实质大权了。胡耀邦说，要让熟悉国际宣传并有国际工作经

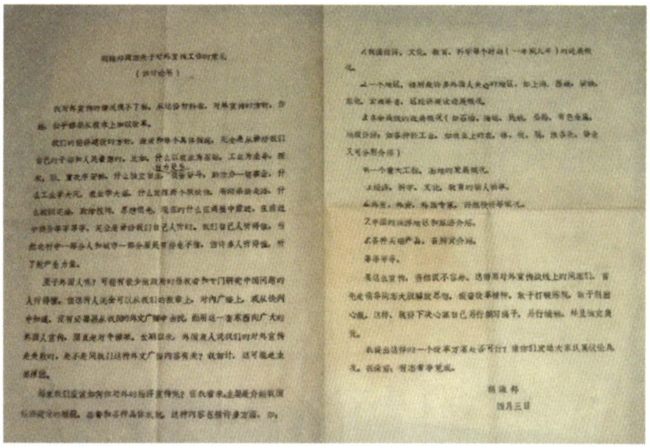

1979 年胡耀邦关于对外宣传工作的意见

1982 年胡耀邦、彭真会见艾培、邱茉莉、秋迪（右一）等专家

1944 年艾培（左一）访问八路军根据地

1985 年 3 月艾培（左三）与美国老记者重访延安

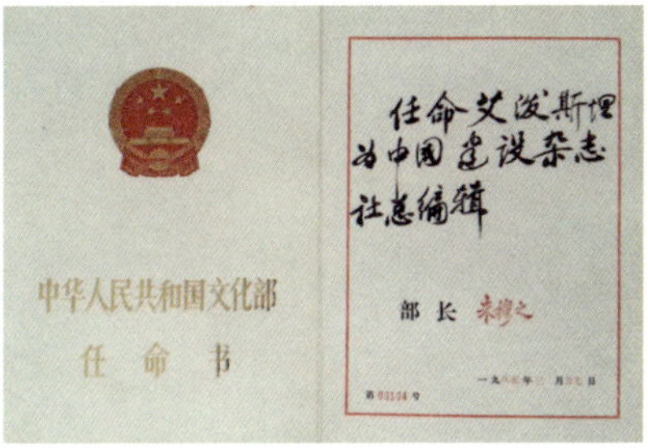

中华人民共和国文化部
任命书

任命艾泼斯坦
为中国建设杂志
社总编辑

部长 朱穆之

聘任艾培为《中国建设》杂志社总编辑的任命书

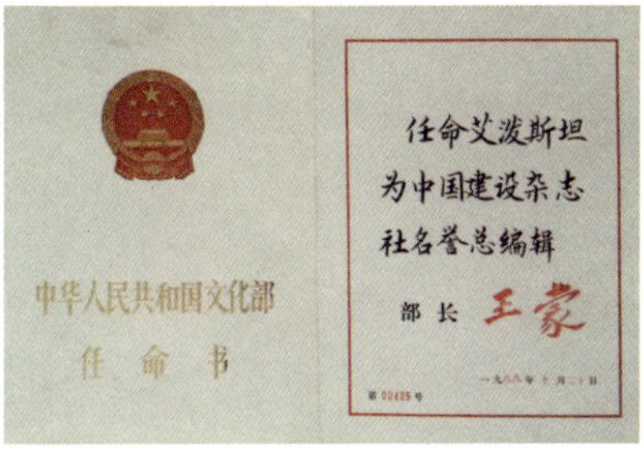

中华人民共和国文化部
任命书

任命艾泼斯坦
为中国建设杂志
社名誉总编辑

部长 王蒙

聘任艾培为《中国建设》杂志社名誉总编辑的任命书

验的外国血统人士担任领导职务，主持对外宣传的刊物工作。请艾培作为先行试点的人物，担任了《中国建设》杂志社的总编辑。艾培认为，这是一份荣誉。于是，他以百倍的努力更加玩命地投入工作。

从创办《中国建设》杂志起就在这里干了一辈子的艾培，经历了试点并获成功之后，被正式任命为《中国建设》杂志社的总编辑。这使他在原本繁忙的工作与写作之外，又新增加了担子与责任。其间，中国记协发起邀请 1940 年代曾在中国采访过的美国记者故地重访活动，艾培是积极分子，热心地参与各项筹备工作，并于 1985 年 3 至 4

1944年中外记者访问团在延安与朱德、周恩来等合影。前排左一是艾培

1985年"二战"时期美国老记者重访活动时在南京长江大桥合影。前排右三是艾培

艾培（前排右一）出席"老中国"在加拿大的聚会与研讨

月陪同外国记者一起参加重访中国活动。所以他的心总也静不下来。

1985 年 5 月，艾培又应山西日报社邀请，去山西，重温 40 多年前的采访路线，花了半个多月的时间参观访问。

应该说，自从我们结婚之后，艾培的生活开始规律了，他的心也总算安定了下来。于是，抓紧一切时间写传成了我们共同的目标与任务。

携手而行

但是，他的时间永远不够用，干扰他写作的各种无法推脱的事务实在太多了，这也令他十分的无奈与苦恼。就连我，每天为他接听各类电话都忙得不可开交。

特别是他还经常出差到外地，于是我就要负责为他准备、收拾并携带各种写传用的参考资料、书籍和电脑。好在他的电脑有个箱子，虽然很重，但是可以随身拎着走。有时实在不方便，不能带电脑，他就让我帮他带着打字机。总之，无论到哪里，他的写作不会停止。每次出差，最令我头痛的就是收拾和携带这些必备的写作工具和资料。每次出门，对我们而言，就像是一次搬家。大包小包，手提、肩背，光是带的各种资料书籍这一项就是一大堆。行李超重那是一定的。

在写传的过程中，最大的困扰是艾培手头的其他工作很多，政协、杂志社、国际友人研究会、“工合”、社会上的杂事，让他应接不暇。出差和外出参加会议的情况也很多。他常常静不下心来。但是，他总能见缝插针地坚持写传。

有一段时间，他干脆躲到了宋庆龄故居静心写传。

这一段时间的写作成效很大，进度很明显。那是 1989 年，大约有半年时间，每天早餐后，司机 8 点半接他到宋庆龄故居去“上班”。故居的主任张爱荣给他在研究室腾出半个房间，是一间存放资料的小仓库，放了一张桌子、一把椅子和一张可供午间稍事休息的单人硬板床。虽然条件简陋，艾培却很高兴。他就躲在里面，把电脑带去，像一个战地记者那样工作起来。

在故居“上班”最大的好处是安静，既为他提供了很多方便，同时排除了很多干扰。没有电话，没有人找，可以安安心心地写作。我给他带了个保温饭盒，中午有故居的汤建军给他从食堂打来饭，送到他房间，吃完后，他稍事休息又继续写作。下午5点左右“下班”回来。写累了，他就到故居的院子里散散步，与故居的工作人员一起喂喂鸽子。

1989年艾培躲在北京宋庆龄故居写传

到故居写传的初衷是为了躲避干扰，没想到，在故居的氛围里，竟激发了他的写作灵感。他特别喜欢在故居写作，认为这是他最理想的写作环境。他喜欢故居的写作氛围，尽管房间狭小，背后高高的堆着的都是书。但是，他感觉这里是那么熟悉，那么亲切，一进入这个环境，他会很兴奋，会不由得回忆起一幕幕与宋庆龄在一起的美好时光，很多记忆一下子会非常清晰，往事有时像泉水一样涌出。在故居写作的日子，是效率极高的时期，也是他一直很怀念的时期。

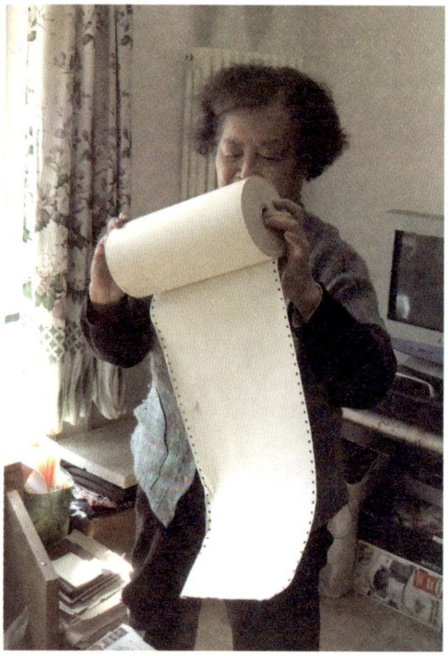

艾培写完一个段落，黄浣碧就负责装纸打印

在写作过程中，购买和更换纸张、墨盒、清洁电脑等杂活都是我的任务。

艾培写完一章后，告诉我他准备打印了，我就打开打印机，放纸，打印。早期使用的打印机，是日本产的11针的滚筒打印机，一页一页地打印，使用起来很麻烦。而我们每次都需要打印三份，以便翻译之用。一份送给沈苏儒同志译成中文，一份寄给日本宋庆龄基金会的久保田博子，由她译成日文出版。这样反复打印，很麻烦。打印纸也用得很快，我不断地买纸。为了我们能够顺利写传，我女儿也积极支持与帮助我，为我买了整整一纸箱三层复印打印纸，一次就能打印出三份，真是省时、省事。这种三层的打印纸，直到现在都没用完，因为后来滚筒的打印机不用了，我们又换了一次电脑。

但是，今天回想起来，那些共同忙碌又苦恼的日子，也是很甜蜜的。

46. 广泛的采访

1985 年艾培真正开始写传。他先从采访和阅读资料开始。对于要写的内容，大的方面、大的问题他都了解，心中有数。从艾培与宋庆龄之间往来的 200 多封信中，他们已经互通了很多信息。如：宋庆龄亲自叙述了自己对父母的感情，与亲属的关系，父母对自己婚姻的态度，以及对一些事件、人物的看法与意见，她对媒体不实报道的愤怒，对自己婚姻的说明。但是在一些小的、具体的方面，艾培还不清楚，特别是一些细节，他希望能够深入了解。

当初，他在与宋庆龄商量着手写传时，宋庆龄曾答应，尽自己记忆所能，把所有记得起来的事情全部提供给艾培。但是谁也没有料到，宋庆龄会这么快离开大家。

本来一些小问题宋庆龄只需花几分钟就可以说清楚，现在则要用几个月的时间去研究，去考证。有些问题至今没弄明白，也可能永远无法弄明白了。

于是，我们一同开始了广泛的采访工作。作为助手，我根据他列出的名单，一一替他做预约沟通与联系，或打电话，或写信，事先作出安排，预约见面时间。

预约采访是个很繁琐的事。艾培打算采访的面很广，想采访的人大多也很忙，而他也是诸多事务缠身，想要安排双方彼此都合适的时间，实属不易。大多数时候，他尽量利用出差或开会的机会来安排抽空采访。记得 1986 年 3 月初我们到上海参加有关方面为耿丽淑举办的祝寿会时，就马不停蹄地进行接连三天的采访。

艾培是个很认真的人，凡是以他名义写出的信件，哪怕是张便笺，他也要求我先根据他口授的意见写出草稿，读给他听后，他完全没有意见了，再重新誊写并由他签名后发出。

我们采访的第一个对象是章克，因为他正好来北京，于是就顺便对他进行了采访。章克谈了 1927 至 1929 年他同宋庆龄在武汉、莫斯科和柏林一起工作时的情景。

1986 年 3 月 5 日，艾培采访李云

1986 年 3 月 6 日，艾培出席耿丽淑 90 寿辰祝寿会并对她进行采访。右一为秋迪

1986 年 3 月 7 日，艾培采访沈粹缜

艾培、黄浣碧与王光美（左二）
在宋庆龄北京故居海棠树下合影

在北京，我们就近采访了很多早年在宋庆龄领导下一起共事的老朋友、老同事。譬如曾作为宋庆龄派驻北京的中福会代表顾锦心，她回忆了抗战胜利后，宋庆龄领导中国福利基金会在上海开展工作的情况。她还向艾培谈了章克的情况。

我们还采访了王光美。她对宋庆龄满怀尊敬与热爱，她同意在书中刊用她带着几个孩子与宋庆龄在方巾巷的合影。有一个细节我记得很清楚，那就是她特别要求对这张照片作些裁剪。艾培完全尊重她的意见。现在刊登的照片，是根据王光美的要求处理过的。

我们还采访了张彦。张彦是艾培的老朋友，1949 年新中国建国大典时他曾登上天安门采访，也是《中国建设》杂志创办初期时的老同事，后来担任过《中国建设》杂志社的副总编辑。1951 年夏天，艾培接受宋庆龄的邀请回到中国工作时，张彦也奉命陪同陈翰笙到北京火车站去迎接艾培。他向艾培提供了自己 1981 年访问威斯里安女子学院的第一手成果，包括宋庆龄的学籍档案、他对宋庆龄当年要好同学的采访记录等等。

1950 年代艾培与同事张彦

1981 年，张彦时任人民日报社驻美国的记者。在宋

宋庆龄的文学学士证书

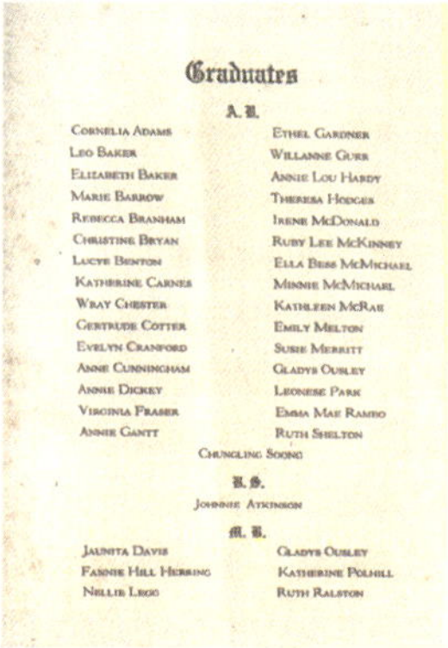

Graduates

A. B.

Cornelia Adams	Ethel Gardner
Leo Baker	Willanne Gurr
Elizabeth Baker	Annie Lou Hardy
Marie Barrow	Theresa Hodges
Rebecca Branham	Irene McDonald
Christine Bryan	Ruby Lee McKinney
Lucye Benton	Ella Bess McMichael
Katherine Carnes	Minnie McMichael
Wray Chester	Kathleen McRae
Gertrude Cotter	Emily Melton
Evelyn Cranford	Susie Merritt
Anne Cunningham	Gladys Ousley
Annie Dickey	Leonese Park
Virginia Fraser	Emma Mae Rambo
Annie Gantt	Ruth Shelton

Chungling Soong

B. S.

Johnnie Atkinson

M. B.

Jaunita Davis	Gladys Ousley
Fannie Hill Herring	Katherine Polhill
Nellie Legg	Ruth Ralston

宋庆龄当年大学毕业典礼时的程序册

KU KLUX

RUTH SHELTON, A. B.

CARNESVILLE, GA.

Entered Fall 1909.

"I don't think so much learning becomes a young woman."

Sergeant-at-Arms of Thespian Dramatic Club, 1910-12; Secretary and Treasurer of Thespian Dramatic Club, 1912-13; Vice-President of Missionary Society, 1912-13; Diploma in Expression, 1913.

CHUNGLING SOONG, A. B.

SHANGHAI, CHINA

Entered Fall 1908.

"Radiance streaming from within around her eyes and forehead."

Literary Editor of *The Wesleyan*, 1912-13; Thespian Dramatic Club; Corresponding Secretary of Harris Literary Society, 1912-13

威斯里安女子学院院刊上的宋庆龄毕业照（下图）与题词

院刊编辑人员照片，最上面正中一位即宋庆龄

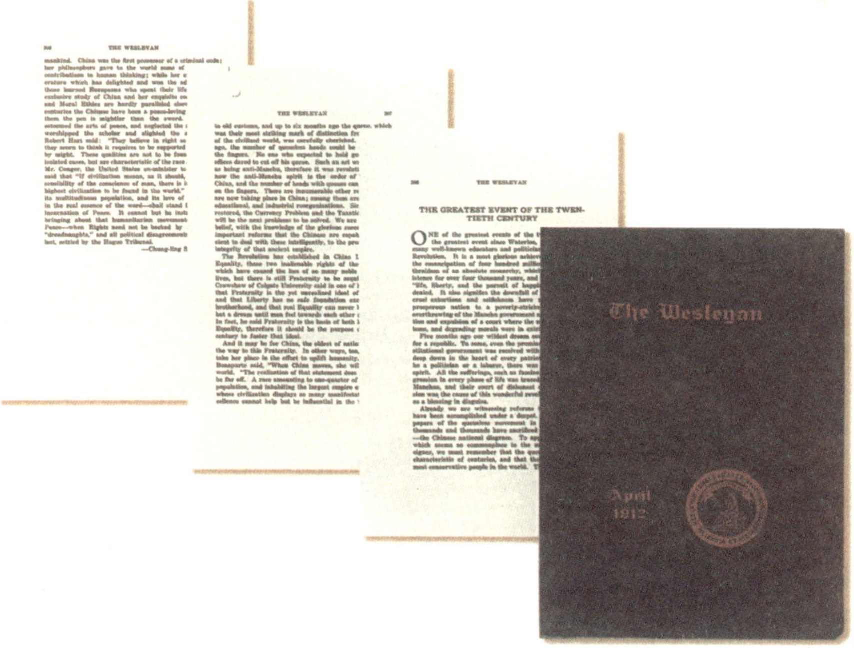

宋庆龄在院刊上发表的文章《20世纪最伟大的事件》

庆龄病危时，中央开始为宋庆龄做后事安排的准备，但是竟然发现，谁也弄不清宋庆龄的出生日期。于是廖承志建议，可以请身在美国的张彦立即赶往宋庆龄早年在美国就读的大学威斯里安女子学院去了解。中央便向张彦发出加密电报，请他去查找宋庆龄赴美留学时的早期档案。威斯里安女子学院非常配合，敞开了有关宋庆龄的所有资料。也就是在那里，张彦获得了宋庆龄的学籍档案，包括她入学登记时的那张照片。据说，这张照片过去从未面世，正是由张彦从威斯里安女子学院获得后才在我们国内公开刊发的。

接着，我们又专程到上海。宋庆龄创办的机构中国福利会的总部在上海。在上海的采访很有趣。抗战胜利后，从1946年起，宋庆龄就将自己的机构迁至上海开展工作，直到今日。而抗战胜利后，艾培与邱茉莉去了美国，直至1951年重返中国。其中这段历史，是艾培不甚了解的。在上海，我们采访了沈粹缜、李云、张珏、陈维博等一批人，他们多数是从上海时期与宋庆龄开始长期亲密来往的中国福利会不同时期的老朋友、老同事。

“保盟”香港时期的工友潘标

就在艾培开始着手写传的同时，中国福利会发起了继承发扬宋庆龄精神，学习历史，爱我事业活动，成立了会史研究组，集中了一批早年参加机构，曾在宋庆龄领导下于不同时期担任过负责工作的老同志，征集史料，撰写回忆录，整理档案，考证核实，准备编写中国福利会史和中国福利会志。艾培是中国福利会创办第一阶段的领导人，新中国成立后又一直在这个机构工作至今，他掌握了解的史料正好可以弥补上海同志的不足。于是，艾培到了上海后，也成了中国福利会会史组的重点采访对象。单方面的采访，变成了双方的互相采访，互通史料。艾培讲述从 1938 至 1945 年的历史，上海的同志讲 1946 年以后至 1951 年的史实。在上海期间，艾培还采访了宋庆龄的亲属，实地考察了宋氏家族的老宅与宋庆龄的出生地。

1986 年我还替艾培到香港去查资料。我是与宋庆龄研究室的张爱荣、傅伍仪一起去的，大约一个月左右时间。为了节约经费，我们住在当年“保盟”的工作人员潘标家，每天一早出发到香港图书馆查资料，晚上图书馆关门才回

1998 年艾培和黄浣碧与当年“保盟”老战友潘标（右三）及潘的女儿（右一、左二）、张爱荣（左一）合影

1986 年艾培与潘标夫妇看望廖梦醒。左起：艾培、黄浣碧、廖梦醒、潘标夫妇和潘标的儿子

来。中午就啃个面包，或吃份港式快餐如云吞面等，很艰苦，但是效率很高。我们查阅了很多有关宋庆龄及当年“保盟”在香港时的资料，重要的我们都复印回来了。记得在香港时，我还翻阅了有关许地山的报纸复印件。许地山是我的亲戚，他一家与“保盟”有着非常密切的关系，贝特兰等一度就住在他家。1998 年我随艾培出席了在香港举行的纪念保盟 60 周年活动后，大约在 2001 年时，我又陪艾培与中国福利会副主席许德馨与许地山的后人一起专程到香港，祭扫了在香港保卫战中牺牲的“保盟”中央委员法朗士的墓地。那次，是由“保盟”中央委员邓文钊的儿子邓广殷带领大家去的。那是一次对“保盟”在香港开展卓有成效的抗战工作的小型纪念活动。

但是，严格地讲，我们采访的收获并不多。所有接受采访的人提供的内容与信息，几乎都是艾培已经掌握的，并没有多少新的突破与发现。可是他还想了解得更多。比如他向廖梦醒多次了解有关廖家与孙中山、宋庆龄的一些具体故事和细节。可惜，那时廖梦醒身患多种疾病，长期住院治疗，艾培不忍去医院打搅，便写信求教。他通过写

2001 年艾培（坐轮椅者）与中国福利会的同志祭扫在香港保卫战中牺牲的“保盟”中央委员法朗士墓

信列出希望了解的问题，曾经在一封信里一口气向廖梦醒询问了许多问题，所问的问题共写满了16张信纸。大约没有得到答复，他不放弃，又转向廖梦醒的女儿李湄，希望通过李湄，向廖梦醒了解情况。他多次写信给李湄，请她代为咨询。

1988年1月艾培在海南文昌县宋氏祖居采访宋庆龄堂弟韩裕丰

在这之后，我陪艾培一起到广州采访了曾担任总统府警卫团副官的张猛的夫人，又到海南文昌采访了宋庆龄的堂弟韩裕丰，了解宋氏家族的一些往事，特意问了韩家在马来西亚当时的情况。那次，我们还一起实地考证了宋氏家族的祖坟。1988年，我们又再次去了海南文昌。

回想起来，为了写传，我们去了很多地方，有北京、上海、海南、广东、重庆、武汉，还有香港。艾培采访了很多人。遗憾的是，可以寻找到的线索和答案并不如想象中的多。

在艾培采访的过程中，有的人讲了很多细节，但是这些内容却并非艾培希望纳入传记当中的。因为太琐碎的内容或者与重大历史事件无关的枝枝蔓蔓的东西，艾培不感兴趣，也不准备将其入传。他要获取的资料是重大历史阶段、历史事件中宋庆龄的作为与表现，或者是一些有趣的、生动的小故事，而了解这方面的人很少很少。

邹韬奋的夫人沈粹缜大姐与宋庆龄有着很亲密的交往，同时她自1978年起经宋庆龄亲自提名，担任了中国福利会秘书长。沈大姐保存了大量与宋庆龄往来的信件，其中很多涉及如何协调宋庆龄过去的警卫秘书隋学芳的家务事以及如何在隋学芳患中风病后安排隋学芳的四个子女的情况。关于宋庆龄与隋永清、隋永洁的关系，沈大姐最清楚。记得采访沈大姐时，她曾经对艾培详细讲述了有关宋庆龄资助其原来的警卫隋学芳几个孩子的情况。据沈大姐讲，当年宋庆龄曾亲口告诉她，资助警卫秘书隋学芳的孩子主要是为了在经济上帮帮他。隋共有四个孩子。隋自1963年中风之后，身体一直有病，很难恢复，经济上困难，家庭也有矛盾。为了帮助他，同时也为了让他的孩子有一

1988年艾培到海南文昌考证宋氏祖坟

1987 年 3 月 7 日，耿丽淑祝寿会场。左起：艾培、黄浣碧、邓裕志、马海德、耿丽淑、苏菲

1986 年 7 月 15 日，艾培采访赵朴初后留影。左起：黄浣碧、艾培、赵朴初、傅伍仪、张爱荣

个健康成长的环境，宋庆龄就尽力资助隋永清和隋永洁，后来把她们留在了自己身边。

艾培采访赵朴初时，宋庆龄基金会研究室的张爱荣与傅伍仪也都在场，我记得好像也没有获得多少新的内容，所谈的都是艾培已经了解的。

我们以后又到了重庆，采访了两路口新村 3 号宋庆龄旧居和当年的司机谭明德。

“保盟”重庆旧址两路口新村 3 号

在写宋庆龄传时，有关孙中山的部分艾培倒是不需要采访的，因为多年来，艾培曾协助宋庆龄应不同的纪念活动的需要，数次起草纪念孙中山的文章，特别是纪念孙中山 90 周年诞辰和 100 周年诞辰这两次，宋庆龄都请艾培代拟或修改纪念文章，艾培在写作过程中，很多细节都经与宋庆龄商议，做过反复修改。所以关于孙中山的这部分如何落笔，艾培心中完全有数。但是，艾培还是再次到了孙中山的祖籍中山县翠亨村，也是我的家乡，实地走访了一次。这样做的目的，是使他自己有一个感性上的认识，他认为有助于写传。

记得当年的翠亨村孙中山纪念馆的馆长叫李伯新，他曾向艾培介绍了孙中山的家世，并拿出了纪念馆编印的图片与说明书。结果，艾培出于职业习惯，从中挑出了很多英文方面的差错。艾培他有个习惯，走到哪里，就喜欢找英文上的差错。他读文章很仔细，甚至是附在文章后或杂志中的广告也都不放过，走到哪，都不放过挑错。只要看到文字，就会注意是否有错。可能这是他长期养成的职业习惯。

比如，有一次看到广告上有一个说明，是讲清热降火的功能，可是广告将降火译成了灭火，他指出翻译得不对。一次我们到了山西，接待方送来一本介绍当地的小册子，上面的英文说明是请当地资深的外文老师修改过的。可是，英文说明却把一个二级公司翻译成了次品公司，艾培指出这种译法很可笑，会误事。由于艾培一看到英文就找茬，而且每次都能找到茬，于是他建议成立一个外语咨询公司。

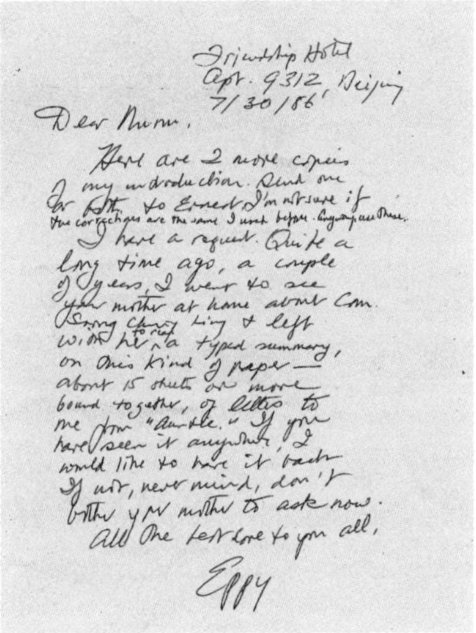
Friendship Hotel
Apt. 9312, Beijing
7/30/86

Dear Nunu,

Here are 2 more copies of my introduction. Send one to Ernest. I'm not sure if the corrections are the same I sent before.

I have a request. Quite a long time ago, a couple of years, I went to see your mother at home about Soong Ching Ling & left with her to read a typed summary, on this kind of paper — about 15 sheets or more bound together, of letters to me from "Auntie." If you have seen it anywhere, I would like to have it back. If not, never mind, don't bother your mother to ask now.

All the best love to you all,

Eppy

1986年7月30日艾培致李湄的采访信

记得有一次艾培请一个外国朋友吃饭。在餐厅里，菜谱上有一道菜叫“红烧狮子头”，把那个外国朋友吓了一跳，说不敢吃这个菜。艾培马上解释说，这不是动物中百兽之王狮子的头，而是给这道菜起了个名称叫“狮子头”。菜名，是中国食文化的体现，这个菜名就是个典型，表现的是中国古老的饮食文化。

住在友谊宾馆的时候，一个工作人员写了一个很短的有关宾馆的介绍性材料请艾培帮着看看，结果一个字母写错了，意思成了“火烧宾馆”，艾培也很快予以纠正了。

看了中山纪念馆的英文说明书后，艾培认为不行，馆长就请艾培帮助重新修改。后来，到中山故居的参观者，凡懂英文、看过中英文两份说明书的人都认为英文的说明比中文的好。

除了亲自采访外，艾培还翻阅了大量资料，还有些是通过书面进行采访。

西安制药厂有一个工人，从报纸上知道了艾培写传的事，很希望能帮助他，就主动寄来自己多年精心收集的资料和简报。虽然帮不上忙，但是对于他的真诚，我们还是很感动。宋庆龄传记正式出版后，我遵照艾培的吩咐，专门给这位热心的同志寄去了一本。

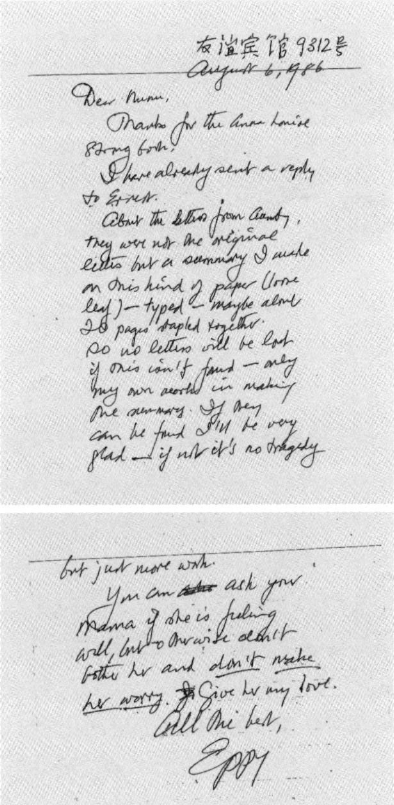
友谊宾馆9312号
August 6, 1986

Dear Nunu,

Thanks for the Anna Louise Strong book.

I have already sent a reply to Ernest.

About the letters from Aunty, they were not the original letters but a summary I made on this kind of paper (loose leaf) — typed — maybe about 20 pages stapled together. So no letters will be lost if this can't found — only my own work in making the summary. If they can be found I'll be very glad — if not it's no tragedy but just more work.

You can ask your mama if she is feeling well, but otherwise don't bother her and don't make her worry. Give her my love.

All the best,

Eppy

1986年8月6日艾培致李湄的采访信

47. 独特的表述

艾培所写的传记约 50 万字，共分 20 个章节。分别是：第一章 青年时代：美国，1907–1913 年；第二章 家世和早年生活；第三章 回国和结婚：1913–1915 年；第四章 孙中山；第五章 为了维护共和：上海—广州，1916–1922 年；第六章 广州的变局：1923–1925 年；第七章 继承孙中山的遗志：1925–1927 年；第八章 1927 年的武汉：考验和分水岭；第九章 赴莫斯科：1927 年 8 月；第十章 在柏林：1928 年；第十一章 1929 年的回国：一场短暂的暴风雨；第十二章 再赴欧洲：1929–1931 年；第十三章 救援革命者：上海，1931–1934 年；第十四章 为了拯救民族危亡：上海，1935–1937 年；第十五章 抗战岁月（上）：香港，1937 年 12 月 –1941 年；第十六章 抗战岁月（下）：重庆，1941–1945 年；第十七章 在战后的上海：1946–1949 年；第十八章 建设新中国：1949–1965 年；第十九章 “文化大革命”：艰难的日子，1966–1976 年；第二十章 金色的余晖：1976–1981 年。

虽然传记按时间顺序排列，但是他在写作的过程中并不按此顺序，而是哪段成熟就先写哪段。比如孙中山，比如抗战，这些部分都是艾培十分熟悉的，资料全，内容熟，他就先动笔。

尽管是宋庆龄的传记，书名是“二十世纪的伟大女性”，讲的是宋庆龄，但是艾培却用了不少篇幅讲述孙中山。作为资深新闻人，艾培下笔前，首先站在读者的角度去思考。他说，他的读者，不仅是中国人，更多的是外国人。而外国人对中国不是很了解。譬如他们常常以为孙中山与孙逸仙不是同一个人。大多数外国人也并不清楚宋庆龄是谁。外国人往往先知道孙中山，然后才知道宋庆龄。宋庆龄是孙中山夫人，是孙逸仙夫人。所以艾培认为必须从孙中山谈起，先推出孙中山，然后引出宋庆龄。这是他的对外宣传的思路。即不是单给中国人看，要适合外国人看，便于

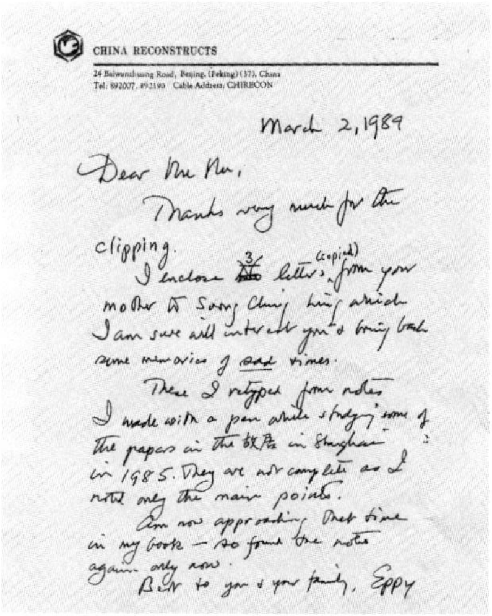
CHINA RECONSTRUCTS
24 Baiwanzhuang Road, Beijing, (Peking) (37), China
Tel: 892007, 892190 Cable Address: CHIRECON

March 2, 1989

Dear Mr Mr,

Thanks very much for the clipping.

I enclose 3 letters (copied) from your mother to Soong Ching Ling which I am sure will interest you & bring back some memories of sad times.

These I retyped from notes I made with a pen while studying some of the papers in the 故居 in Shanghai in 1985. They are not complete as I noted only the main points.

Am now approaching that time in my book — so found the notes again only now.

Best to you & your family, Eppy

1989 年 3 月 2 日艾培致李湄的采访信

外国人理解并且看懂。

艾培的写作风格是，不强加于人，不灌输观念，他坚持正面表述，只讲事实，让读者自己去体会，去理解。

我知道，其实，艾培在书中的表达是很有针对性的，他不是不知道外界的流言内容，他是努力地尽己所能地力求传递所有事实的真相，以杜绝空穴来风的无端流言。比如对宋庆龄与孙中山的婚姻，宋庆龄与隋家姐妹的关系，宋庆龄与其家族及姐妹兄弟的感情，宋庆龄在“文革”中的遭遇与想法等等。他以自己的笔触通过正面阐述，力图澄清诸多流传的谬误，纠正种种传言与诽谤。但是他绝不使用反驳的口吻，更不用直接辟谣的方式，而是写出事实真相。用他自己的话是：“我只讲真相是什么。”就像他一贯的为人一样，他从不讲人家的缺点，不说别人的坏话。无论人前人后都是一样。书中他也如此，不说哪些是谣言、哪些是诽谤，而是正面阐述真实的情况，让读者自己去了解真相，自己去判别。遗憾的是，他的良苦用心，并未如他所愿。甚至很多老朋友都认为，他这样的表达方式，并不见得奏效，还有人直接说他“你不反驳，等于白说”。可这就是艾培！他的个性决定他只能依他的方式去表达。

艾培在用电脑写作

在传记中间，凡是写明引用宋庆龄的话，那就绝对都是宋庆龄的原话，每一句都出自于宋庆龄之口或是她的笔下。如果写明是推测或解释——有时有必要这样做——那就说明是推测或解释。艾培认为传记和历史小说或者历史剧之间应该有明确的区别。就传记而言，绝不允许有想象出来的谈话、情节与人物。他自豪地表示，自己书中凡宋庆龄的话，“都是她自己说的，而不是由我臆造出来的。都是有出处的”。

他称此书为通俗传记，力求避免使用学术性的写法和用词，避免在每一页上都是密密麻麻的注释，以免影响读者阅读。对需要看注释的人，所有资料来源、参考资料和说明，都在正文之后可以找到。为了方便读者，他为全书做了779条注释。他这种认真负责的态度感动了中文版的翻译沈苏儒，老沈向他学习，也为中译本做了55条注释。

写作的过程中，改动很大，特别是推倒重来的篇幅很多。艾培这个人的认真秉性，决定了他对自己的作品容不得半点马虎，要绝对地负责任，绝对地精益求精。他常常翻来覆去地推敲，总希望表达得更清楚，展示得更充分。只要不上印刷机，他对自己稿件的修改就不停止，这是他多年的老毛病。这也就是最终沈苏儒的中译本反而比他的英文原版宋庆龄传记早问世的原因。

1999年12月中国福利会主席、副主席等在海南文昌宋庆龄祖居前合影留念。前排左起：梁淤藩、鲁平、黄华、艾培、李储文、奚亮；后排左起：邓励、邓广殷、周少春、何理良、黄浣碧、章润瑗、许德馨

48. 92 帧照片——心中美好形象的定格

传记的封面照，是艾培精心挑选、亲自选定的。中文版和英文版选用的照片不同。英文版为侧面头像，中文版为站立的全身像，但都是艾培十分喜欢的照片。在他的印象中，宋庆龄就是这个样子，这两张照片中的宋庆龄的形象，就是宋庆龄在艾培心中的形象。艾培认为，这两张照片，最能代表宋庆龄。相比较而言，英文版的封面照，艾培更喜欢。以后凡需要用宋庆龄照片时，英文版的这张总是艾培的首选，也是他选用最多的一张。

记者出身的艾培，很精通摄影，喜欢摄影，喜欢照相机，一辈子拍了很多照片。他很懂得运用照片反映主题，也了解照片对读者的视觉冲击力。他特别不喜欢摆拍，而喜欢捕捉有意思的瞬间。

艾培最终在他的书中选用了 92 帧照片，但是初选是在无数张照片中逐一筛选的。值得庆幸的是，在艾培写作的过程中，很多宋庆龄的画册陆续出版了，因此，可供挑选的机会很多，余地也很大。特别是《宋庆龄画册》和《宋庆龄在上海》这两本画册，里面有很多精彩、传神的照片。为了精选照片，我们不知翻看了多少本画册，也包括艾培自己多年珍藏和拍摄的照片。艾培以十分挑剔的眼光，一张张地反复比较，反复挑选。他选用的原则是，能够与传记的内容、特别是提到的人物和事件相配合，能够突出传记的内容，充分说明传记所表达的意思。

直到传记已经脱稿了，我们还给上海孙中山宋庆龄文管会写信，希望能调用尚未发表的照片，艾培开出了一个长长的单子。记得他想调用的照片有：宋庆龄小时候与母亲的合影；孙中山与日本友人的合影；梅屋夫妇与孙中山的合影；宋庆龄与叶挺等人的集体照；宋庆龄骑马的照片；宋庆龄与鲍罗廷夫妇的照片；宋庆龄与刘少奇孩子的合影；宋庆龄与萧伯纳的合影；宋庆龄与尼赫鲁的合影；宋庆龄与小猫的照片；宋庆龄与宋美龄幼年时的合影……收

《宋庆龄——二十世纪的伟大女性》英文版封面

《宋庆龄——二十世纪的伟大女性》中文版封面

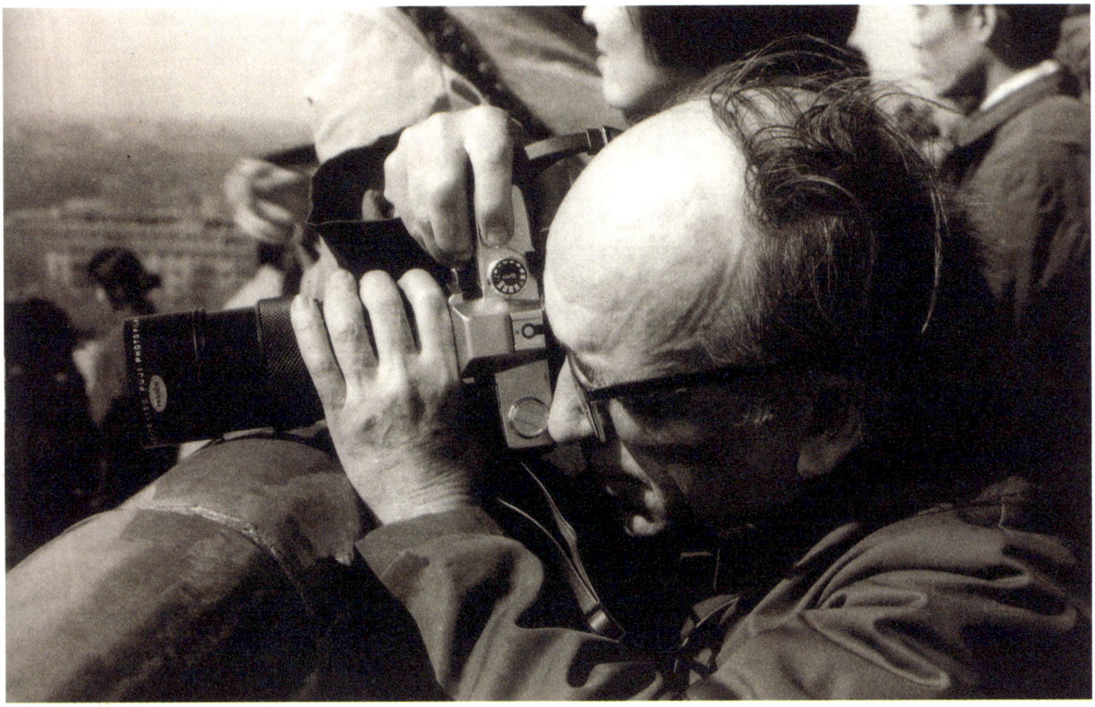

喜欢用镜头记录的艾培在摄影

到他的信不久，当时上海孙中山宋庆龄文管会的华平主任很快回信，表示完全支持，只是需要履行一下呈报领导批准的程序。不久，他们就把这批照片交给了艾培，现在都收入了传记之中。

我记得挑选照片的过程很漫长，为了尽可能完美，艾培总是在取舍之间犹豫。应该说，目前选入传记中的照片，都是艾培好中选优的，也是相对满意的。

可以说，目前收入书中精心挑选的这 92 帧照片，是我们心中最敬爱的宋庆龄美好形象的永久定格。

49. 资料的来源

目前，由艾培撰写的宋庆龄的传记，依然是公认最具权威性的。除了因为作者是唯一由宋庆龄亲自选定嘱托外，还因为作者依据的资料权威与严谨。

其一，是宋庆龄亲口或亲笔的叙述。其二，是宋庆龄大量的书信。其三，是他们共同的经历。此外，才是艾培收集的各种史料。

艾培写传的过程中，收集资料占用了大量精力。除了采访许多相关人士外，他还就一些史实，通过多种渠道，反复咨询、查对与核实。

为写这本传记，他阅读的参考书有 138 种，其中外文书就有 88 种。还有大量中外报刊和数以千计的宋庆龄的亲笔信。仅翻阅他自己珍藏的信件就有 200 多封。他访问了许多相关人士，包括宋庆龄的亲属。

传记采纳的材料来源除国内包括港澳台以外，还有德国、日本、美国、俄罗斯、英国、印度等等。在此基础上，最后成文时，全书约 50 万字，其中仅注释就有 779 条，选用照片 92 幅。

在收集资料的过程中，许多机构和人士均给予了无私帮助。各方面都以不同的方式给予我们很多很感人的热情支持和关照。大家都认为这是一件天大的好事，都希望艾培的任务早一天完成，能让更多的人了解宋庆龄，学习宋庆龄。

在国内提供帮助最大的有北京宋庆龄故居和宋庆龄基金会研究室，上海的中国福利会、孙中山故居、宋庆龄故居和陵园管理处。还有上海市档案馆，广州市文化局，孙中山祖籍纪念馆，以及宋庆龄祖籍海南文昌宋庆龄基金会也给予了很多帮助。

日本方面，日本宋庆龄基金会以及久保田博子，孙中山的故友宫崎寅藏和梅屋庄吉的后人宫琦蕗苳和宫琦千代以及小板哲瑯和小板主和子，都给予珍贵的支持与帮助。

他们各位的家庭收藏中，有关孙中山和宋庆龄的信件和其他史料十分丰富，对写传很有帮助。他们提供的史料，经历了近百年的历史。在如此漫长的时间里，能够历经战乱而仍然被细心地奇迹般地保存下来，本身就是中日两国人民之间友谊持久的证明。

在美国方面，马克斯·格兰尼奇提供了与宋庆龄很长时期内的通信，纽约市立大学恩派亚学院 A. 汤姆·格隆菲尔德教授寻找并复印了很有价值的材料。西乔治亚学院的乔纳森·戈尔茨坦教授增添了宋庆龄在梅肯市上大学时期的史料，南希·史迪威·伊斯特布鲁克夫人提供了史迪威将军家庭的情况和史迪威日记。

宋庆龄有一个习惯，那就是凡重要的东西一定随身携带。比如她有几十个箱子，里面存有她认为十分珍贵的东西，每次都跟随她往返京沪两地。也就是说，宋庆龄人在哪里，这批重要的东西就在哪里。1981 年 5 月，宋庆龄在北京逝世，她的这批珍贵文物，包括资料，就留在了北京她的寓所里。因而，艾培撰写宋庆龄传记时，北京宋庆龄故居提供了不少第一手的珍贵资料。

在上海，宋庆龄亲自创办和领导的机构中国福利会，存有大量珍贵的历史档案。同时，当时一批 1940 年代就

艾培（右二）在重庆参加史迪威将军研讨会。左一为黄华，左二为史迪威将军女儿南希

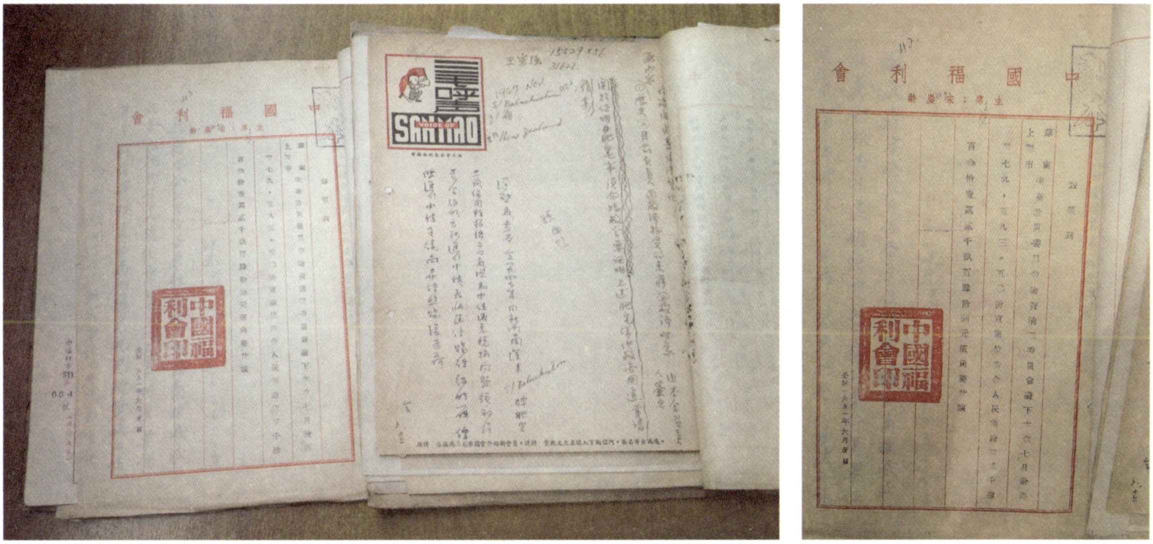

三毛乐园会捐款档案

跟随宋庆龄工作的老同志依然在那里从事研究会史的工作。1985 年，中国福利会成立了会史研究室，当年的老同志不少就在研究室工作。他们在研究宋庆龄及其她创办的机构历史的过程中，广泛征集史料，采访亲历者和当事人，并且对史料进行核实考证。在研究与征集的过程中，编辑整理了大量会史资料，还编辑了史志资料汇编（季刊），积极为出版会史与会志做准备。当他们知道艾培正在撰写宋庆龄传记，非常高兴，积极协助，帮着收集各种史料。在接受艾培采访的同时，也倾其所有，向艾培提供所需资料。在传记的第十七章中，很多资料都来自中国福利会的档案。

中国福利会会史档案库

50. 传记的版本

大家都知道艾培是用英文来撰写宋庆龄传记的，此传记的原版是英文，中文版的传记是我们的同事沈苏儒根据英文版翻译而成。但是，根据英文版翻译而成的中文版却比英文原版早问世。

沈苏儒是著名的“七君子”之一沈钧儒的堂弟，中英文都非常棒，是我们《中国建设》杂志的资深编辑，后担任副总编。他对文章翻译很有经验，也很有章法，效率很高。艾培的自传《见证中国》也是由他翻译成中文的。他还曾写了几本专门研究如何翻译的书。退居二线后，他一直义务开讲座为外文局带教年轻的翻译和编辑。早在艾培撰写之初，沈苏儒就参与了翻译工作，他们两人配合得十分默契。可以说，中文版与英文版的工作是同步开始的。在艾培写作前，他们会约定先碰一次面，艾培将自己每一章的思路告诉老沈，使他心中有底。然后，艾培每写出一章之后，就由我打印出来送到沈苏儒家。沈苏儒收到文稿

资深编辑、翻译家，艾培著宋庆龄传记及艾培自传的译者沈苏儒

后，便立即着手翻译。在翻译过程中，一定会遇到形形色色的问题，可他并不急于找艾培询问，他很沉得住气，绝不轻易去打搅艾培，他唯恐打乱了艾培的思路。沈苏儒会将翻译中遇到的所有问题一一集中列出，等整个一个篇章翻译完后，再约时间来我家，一并与艾培讨论，而不是在动手翻译时，一碰到问题就来问。

每当一个章节写完、译完后，艾培就请沈苏儒到家里来讨论交流一次。基本上每次两个人用大半天的时间，就传记中的问题敞开交流。每逢此时，我就特别忙，既要关心他俩交流的情况，端茶倒水，根据他俩的要求找资料、做记录，又要关心厨房里的午饭。老沈往往是上午来家里，他们两人开始充分讨论与交谈，一个上午的时间，他俩基本可以把意见透彻地交换完毕，此时正好也到了午饭时间，我们就一起吃午饭。有时讨论一个上午还没结束，就吃完午饭再接着聊。之后就再开始新的一个章节的工作。

艾培负责写作，每写完一章之后由我打印文稿，再由我去送交给沈苏儒翻译。艾培喜欢反复修改，反复推敲，又常常推倒重写。所以相对而言，沈苏儒的翻译进度很快，通常是他翻译完了，艾培新的一章还没写完。总是老沈早已经完工了，坐等艾培。记得直到艾培写完了传记全部交给老沈后，他自己再次回看全部文稿，又对英文的措辞反复推敲、润色，不肯就此脱稿、罢手。此时他因还要忙于其他重要的事务无法脱身，却怎么也不肯放弃最后的润色与再修改，总想再推敲推敲，力争最完美。最后，由老沈翻译的中文版传记反倒比英文版早一轮出版。

由沈苏儒翻译的中文版宋庆龄传记，艾培是非常满意的。每逢有人对艾培夸奖中文版的传记写得好时，艾培就会开玩笑说，“那不是我写的”。他认为老沈的翻译为他的作品增添了光彩。

大约在传记写到将近一半的时候，日本的学者久保田博子向艾培提出，她想将传记翻译成日文出版，艾培当然同意。于是，我就又有了新的任务，负责替艾培与久保田

艾培著宋庆龄传记的各种版本封面

博子之间保持经常的沟通与联络。每当艾培写出两三个章节以后，我就要将文稿打印出来，集中到邮局去给久保田往日本寄一次。记得那时，墨盒和打印纸用得很快，不停地更换。为此，我女儿帮我买了一大箱纸，到现在都没用完。

宋庆龄传记的日文版于 1995 年 12 月出版。

宋庆龄传记还由日臻出版社在台湾翻译出版了中文繁体版，分上、下卷。接着，韩国的李阳子教授将宋庆龄传记译成韩文在韩国出版。

51. 获奖的礼物

写传的过程，既是回忆的过程，也是纪念与缅怀的过程。特别是艾培，他几乎是边回忆边撰写。回顾我们俩共同经历的过程，我们一直是怀着无比的崇敬和爱戴之情投身其中，努力工作。

共同的工作，让我们彼此更加了解，更加相爱，生活也变得更有意义。

1992 年底，在各方面紧张筹备宋庆龄 100 周年诞辰的重要时刻，我们终于完成了宋庆龄的嘱托，将宋庆龄传记作为这个具有纪念意义的日子中最有意义的礼物。我们为能够为我们最最敬爱的领导，20 世纪最伟大的女性做这件工作而感到无比光荣与自豪。

爱泼斯坦著、沈苏儒译的《宋庆龄——二十世纪的伟大女性》一书，自宋庆龄诞辰 100 周年前夕由人民出版社出版后，受到社会各界的重视和好评，于 1994 年 1 月荣获第一届国家图书奖（中华人民共和国图书出版的最高奖）。

以今天的眼光看，艾培所写的宋庆龄传记还不够生动，主要是缺少故事与细节的描述，就好似是一部正史的大纲，或者说就像是一棵大树的主干，枝叶还不够茂盛。究其原因，我认为有一些无法避免的因素：其一，与宋庆龄生前有过约定，根据既定的框架，拣重要的史实，不面面俱到，

国家图书奖获奖证书封面

艾培应邀为读者签名

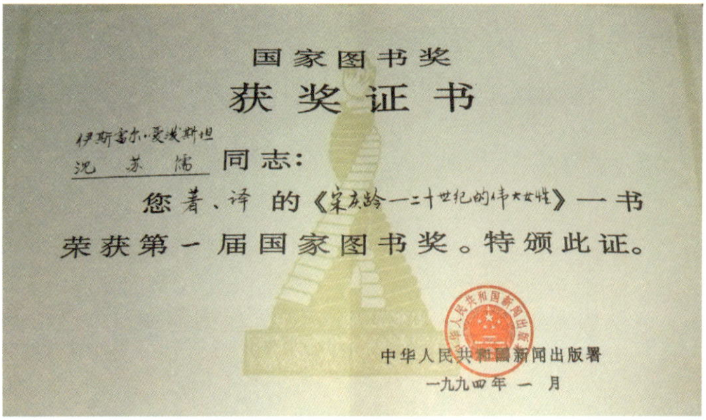
国家图书奖
获奖证书
伊斯雷尔·爱泼斯坦
沈苏儒 同志：
您著、译的《宋庆龄—二十世纪的伟大女性》一书荣获第一届国家图书奖。特颁此证。
中华人民共和国新闻出版署
一九九四年一月

《宋庆龄——二十世纪的伟大女性》获得中国第一届国家图书奖

2003年本书撰稿者、中国福利会宋庆龄研究工作室研究员沈海平（右）在北京采访艾培、黄浣碧后与两位老人合影

不写很长。其二，没有来得及与宋庆龄本人细谈，很多不是艾培亲身经历的，他绝不杜撰。其三，也是最主要的，是作者的个人性格与写作风格所致，艾培不喜欢纠缠一些枝枝蔓蔓与花边琐事。艾培一贯关注较为宏观的格局并习惯以宽广的视野观察事物。更重要的是，艾培坚持传记与其他文学作品的区别。他认为，传记不能臆造，不能渲染，更不能杜撰与任意想象和铺陈。

但是，正如著名文学家叶君健在一篇读后感中所说："在世界许多著名的传记中，作者与作品的主人公在思想上和感情上能有如此深切的交流与理解，是不常见的。"也正因为如此，人民出版社原总编辑张惠卿说："我几乎是一口气读完这部书稿的，读后马上就产生这样一个想法：什么叫呕心沥血？这就是呕心沥血！爱泼斯坦这部书不是用手写的，而是用心血浇注的！他为这位20世纪的伟大女性树立了一个永久的丰碑。"

的确，艾培是用他的心讴歌他心中的伟人——宋庆龄。这一点，我亲眼见证了。我们用一片赤诚之心，在宋庆龄100周年诞辰这个特殊而有意义的日子，向我们心中最敬爱的伟大女性——我们机构的主席，呈献了一份获奖的礼物。

尾声

艾培毕生最大的爱好是读书和写作。他在自己的回忆录里所写的最后一段话是：“在以后十年里——如果我能活这么长的话——我也许还会写一段‘尾声’……”

我想讲两个与他的祝寿活动有关的趣事作为本书的尾声。

1995 年，在艾培 80 寿辰的庆贺会上，江泽民总书记与政协主席李瑞环接见并向艾培表示祝贺后，热烈的茶话会开始了，在领导人与朋友们一系列的赞扬、祝贺之后，艾培被请上台致答词。只见艾培一本正经走上台，可是当他一开口，他的答词竟然令全场一惊。

艾培是个从事了一辈子新闻宣传工作的人，他从来都不说言不由衷或言之无物的大话和套话。没想到，即使在这样一个为他祝寿的隆重场合下，他的讲话依旧是不忘他所从事的事业。他说：“我多年来一直在对外宣传战线工作，我想就对外宣传工作谈一点想法，供大家评论和参考。”他的发言出乎所有人的想象，没有客套，鲜明而具体的观点中既有批评也有建议，用“语惊四座”来形容当时的情境一点也不夸张。这就是一个最最真实的艾培。

第二天的《人民日报》不仅头版刊登了为他祝寿的新闻，登出了一张江总书记和他握手的巨幅照片，还在第四版显著位置全文发表了他那篇别样的祝寿会上的讲话。

联想起 1985 年 4 月，他在党和政府为自己隆重庆贺 70 寿辰的两天后，以读者身份写了一封更正信，发表在《中国日报》上，我想，这里所体现出来的都是艾培光明磊落的人品。

2005 年，艾培在 90 寿辰的答词中，依然没有说客套话，他讲话的核心内容是要关注纪念“二战”和抗日战争的历史。

就在为他举行庆贺 90 寿辰祝寿会的前夕，胡锦涛总书记因为即将出访，特意在百忙中抽出时间，来到我们家中看望他。艾培将自己的回忆录《见证中国》和《爱泼斯坦画册》送给了胡总书记。

胡锦涛总书记来家中看望艾培时，还发生了一个有趣的小插曲。

为确保安全，胡总书记来我们家之前，警卫人员先上门清场，请无关人员离开。我们社里的高级摄影记者周幼马（马海德的儿子），为了抢拍到总书记上门看望艾培的照片，提前来到我们家，但还是被警卫人员请进了里屋，并被收走了相机。

胡总书记来到我们家里后，立即亲切地与艾培拉家常，赞扬他对中国革命的贡献，深情地表示：“你和一批老专家对中国革命、建设、改革作出的重要贡献，我们永远不会忘记。”艾培感谢党中央和国务院对自己及许许多多老专家的亲切关怀，随后话头一转，他说，类似的人很多，不只是我一个人，比如马海德，他就是一个很了不起的人，他作了很大的贡献。紧接着，艾培强调，今天，他的儿子也在这里。胡总书记听后一愣，说，哦？在哪？快让他出来吧。周幼马随即从里屋走了出来。艾培向胡总书记介绍了幼马后，又接着说，他的相机也被收走了。于是，相机也回到了周幼马的手中，幼马赶紧咔嚓咔嚓地拍照，才得以顺利地完成了拍摄任务，拍到了珍贵的照片。

这就是艾培，一个正直、诚实、纯真、憨厚甚至是“一根筋”的人。我终于明白，为什么宋庆龄要指定他为自己写传。

我为此生能与艾培携手为伴，共同度过幸福而有价值、有意义的20年时光，以及身为他的家属，一个普通老百姓，能见过我们国家的每一届领导人而感到荣幸与自豪。

这缘分与运气，我真说不清楚了。

2005年4月17日，胡锦涛主席到艾培家中祝寿（周幼马摄）

相依相偎——艾培与黄浣碧 2003 年摄于家中

图书在版编目(CIP)数据

爱泼斯坦与宋庆龄传记 / 中国福利会编；黄浣碧口述；沈海平撰. -- 上海：东方出版中心，2014.8
ISBN 978-7-5473-0697-0

Ⅰ.①爱… Ⅱ.①中… ②黄… ③沈… Ⅲ.①爱泼斯坦，I.（1915～2005）—生平事迹 Ⅳ.①K825.42

中国版本图书馆CIP数据核字(2014)第167576号

责任编辑：刘丽星
版面制作：董　伟

爱泼斯坦与宋庆龄传记
中国福利会 编
黄浣碧 口述　沈海平 撰文

出版发行：中国出版集团 东方出版中心
地　　址：上海市仙霞路345号
电　　话：021-62417400
邮政编码：200336
经　　销：全国新华书店
印　　刷：上海书刊印刷有限公司
开　　本：787×1092 毫米 1/16
字　　数：160千
印　　张：12.5
版　　次：2014年8月第1版第1次印刷
ISBN 978-7-5473-0697-0
定　　价：50.00元

东方出版中心邮购部 电话：52069798